Zur Lehre vom Erwerbe des Eigentums nach römischem Recht

Von

H. H. PFLÜGER

Dunker & Humblot / München und Leipzig

Printed in Germany

Pierersche Hofbuchdruckerei Stephan Geibel & Co., Altenburg, Thür.

Inhaltsverzeichnis

I. Die Eigentumsübertragung genannt durch Tradition

Nach der herrschenden Lehre des neunzehnten Jahrhunderts gibt es ein besonderes, selbständiges, auf nichts anderes als Eigentumsübertragung gerichtetes Geschäft unter dem Namen Tradition, von Kauf, Tausch, Schenkung oder was sonst dahinter stecken mag wohl zu unterscheiden, und wird dazu nichts weiter erfordert, als erstens der übereinstimmende Wille, Eigentum zu übertragen und zu erwerben, und zweitens die Übergabe der Sache. Und geht also, wer in einem Laden sich ein Paar Handschuhe geben läßt und sogleich bezahlt, auf einen Schlag nicht weniger als drei Geschäfte ein, erstens einen Kauf und zweitens und drittens zwei „Eigentumsübertragungsverträge", wie unsere langmütige Sprache es sich hat müssen gefallen lassen, daß man das Ding nannte.

Hat man aber je davon gehört, in einem Laden oder sonst, daß bei der Übergabe der verkauften Sache Worte gefallen wären wie diese: „Hiermit übertrage ich Ihnen das Eigentum an diesen Handschuhen?" Und bei der Zahlung des Preises: „Hiermit übertrage ich das Eigentum an diesen Geldstücken?" Zu einem besonderen, selbständigen, auf nichts anderes als Eigentumsübertragung gerichteten Geschäft gehört sich doch wohl eine besondere, selbständige, auf nichts anderes als Eigentumsübertragung gerichtete Erklärung.

Der Verkäufer, der mit dem Käufer einig geworden ist, die verkaufte Sache sogleich übergeben und das Geld dafür empfangen hat, der hat damit nicht drei Geschäfte vorgenommen, sondern ein einziges, auf Übertragung des Eigentums gegen die Erwerbung von Eigentum gerichtetes, wenn auch aus drei Teilen zusammengesetztes: erstens der Einigung darüber, daß der Käufer Eigentümer der Sache werden solle und der Verkäufer Eigentümer der Geldstücke, und zweitens und drittens den beiden Übergaben. Und dieses eine, einheitliche, gegenseitige Übereignungsgeschäft heißt Kauf.

Anders und doch nicht anders, wenn die Übergabe der Sache und die Zahlung des Geldes der Einigung nicht auf dem Fuße folgen, sondern

Tage, Wochen, Monate inmitten liegen. Anders insofern, als die Einigung nicht des Inhalts ist, daß das Eigentum beiderseits sogleich, sondern daß es erst mit der späteren Übergabe übergehen solle, und als schon die bloße Einigung oder, wie wir sie dann lieber nennen, das bloße Kaufversprechen, mit eigener Rechtswirkung versehen, selber ein Rechtsgeschäft zu nennen, ein die Beteiligten gegenseitig zur Übergabe verpflichtendes Geschäft ist. Und doch nicht anders insofern, als das Kaufversprechen darum nicht aufhört, Teil eines größeren Ganzen, eines mit ihm begonnenen, durch die beiden Übergaben vollendeten gegenseitigen Übereignungsgeschäfts, Kauf genannt, zu sein.

Wieder anders und doch nicht anders, wenn entweder nur die gekaufte Sache sogleich übergeben wird und das Geld erst später oder umgekehrt. Anders insofern, als das von einer Seite erfüllte Kaufversprechen ein einerseits Eigentum übertragendes, anderseits zur Übergabe verpflichtendes Geschäft ist. Und doch nicht anders, insofern es darum nicht aufhört, Teil eines größeren Ganzen, eines mit ihm begonnenen, durch die eine spätere Übergabe vollendeten, gegenseitigen Übereignungsgeschäfts, Kauf genannt, zu sein.

Gleich dem Kauf ein gegenseitiges Übereignungsgeschäft, und gleich dem Kauf von dreierlei Gestalt ist auch der ältere Bruder des Kaufs, der Tausch.

Gleich Kauf und Tausch ein gegenseitiges Übereignungsgeschäft, ja geradezu eine Art des Tausches, ist auch das Darlehen: solange es bei der Hingabe des Geldes bleibt ein halbvollendetes, einerseits Eigentum übertragendes, anderseits zur Übergabe verpflichtendes, nach der Rückzahlung ein vollendetes.

Gleich Kauf und Tausch und Darlehen ein auf Eigentumsübertragung gegen Erlangung eines Gegenwertes gerichtetes Geschäft ist auch die Schenkung: Eigentumsübertragung gegen Dank. Nur daß dieser Gegenwert für das Recht nicht greifbar ist, dem Schenker nicht rechtlich zugesichert werden kann. So kommt es, daß die Schenkung ein einseitiges Übereignungsgeschäft und doch kein auf nichts anderes als Eigentumsübertragung gerichtetes Geschäft ist.

Gleich Kauf und Tausch und Darlehen und Schenkung ein auf Eigentumsübertragung gegen Erlangung eines Gegenwertes gerichtetes Geschäft ist auch die Bestellung einer Dos. Gegenwert des übertragenen Eigentums ist das Zustandekommen der Ehe. Zur Ehe gezwungen soll niemand werden. So kommt es, daß auch die Bestellung einer Dos ein einseitiges Übereignungsgeschäft und doch kein auf nichts anderes als Eigentumsübertragung gerichtetes Geschäft ist.

Der Satz, daß durch Kauf Eigentum nicht übertragen werde, bemerkt Otto Bähr[1] einmal, sei für unser Volksbewußtsein unverständ-

[1] Iherings Jahrb. 26. S. 320.

lich, und er erinnere sich noch des Staunens, das er empfunden, als er zum ersten Male in der Institutionenvorlesung davon gehört habe. Der Satz, daß durch Tausch und Schenkung Eigentum nicht übertragen werde, ist es nicht minder.

Das Auge, das immer nur ins Buch blickt und nicht in die Welt, gleicht dem Finger des Blinden, der über Blindenschrift dahinfährt. Aber jetzt schlagen wir das Buch auf.

Auch nach römischer Lehre wird Eigentum übertragen durch Kauf, Tausch, Schenkung usw. Die Römer sagen es nur mit ein bißchen anderen Worten.

> L. 31 pr. D. 41. 1, Paulus lib. 31 ad edictum. Numquam nuda traditio transfert dominium, sed ita si venditio aut aliqua iusta causa praecesserit, *propter quam traditio sequeretur.*

Wo unter venditio nicht wohl das durch Übergabe vollendete Geschäft, sondern die der Übergabe vorhergegangene Einigung, daß gekauft sein solle, verstanden werden kann, und unter aliqua iusta causa jede andere auf Eigentumsübertragung gegen Erlangung eines Gegenwertes gerichtete Einigung. Eigentum werde nicht übertragen durch Übergabe, sagt Paulus, sondern durch Einigung daß gekauft sein solle und Übergabe, durch Einigung daß getauscht sein solle und Übergabe, durch Einigung daß geschenkt sein solle und Übergabe usw. Wie es denn auch so und so oft in den Quellen heißt, daß einer vendidit et tradidit und dadurch Eigentum übertragen, oder daß er emit et ei traditum est und er dadurch Eigentum erworben habe.

Nicht als wäre causa wörtlich gleich Einigung. Die Urbedeutung des Wortes causa zu ergründen, ist nicht unsere Sache. So wie es uns in der Überlieferung entgegentritt, ist es eine bequeme Bezeichnung für alles und jedes, was man nicht näher bezeichnen kann oder will, und tut man ihm zu viel Ehre an, wenn man es am liebsten unübersetzt in die deutsche Rede übernimmt, als ob kein Wort unserer Sprache fähig wäre, seine Tiefe ganz auszuschöpfen. Haben wir nicht das Wort „Geschichte"? Haben wir nicht das Wort „etwas"? Venditio aut aliqua iusta causa, das sagt nicht weniger und nicht mehr, als „ein Kauf oder sonst eine rechte Geschichte", oder „ein Kauf oder sonst etwas Rechtes". Was für eine Geschichte oder was für ein etwas, darüber sagt auch das Beiwort iusta nicht mehr aus, als daß es eben eine „rechte Geschichte", eine als zur Übertragung von Eigentum geeignet anerkannte Geschichte sein muß. Und wenn wir nun, wie wir nicht anders können, uns an das Beispiel der venditio halten und unter aliqua iusta causa jede andere auf Eigentumsübertragung gegen Erlangung eines Gegenwertes gerichtete Einigung verstehen, so soll damit das Wort causa nicht eigentlich übersetzt, sondern durch ein unmittelbar aus der Betrachtung der Dinge geschöpftes Wort ersetzt werden. Wir drücken uns auf unsere Weise aus und lassen den Römern die ihre.

Behauptet wird, wie mir scheint mit Unrecht, die l. Numquam sei nicht echt[2]. Nur die Worte *propter quam traditio sequeretur* können nicht von Paulus sein, der doch wohl geschrieben hätte: propter quam traditio sequatur.

Anders als Paulus drückt Gaius 2.19, 20 sich aus. Der Sinn ist derselbe.

> Nam res nec mancipi ipsa traditione pleno iure alterius fiunt, si modo corporales sunt et recipiunt traditionem. Itaque si tibi vestem vel aurum vel argentum tradidero sive ex venditionis causa sive ex donationis sive quavis alia ex causa, statim tua fit ea res, si modo ego eius dominus sim.

Man kann das durch die Präposition ex angedeutete Verhältnis als ein solches der Zeit, man kann es auch als ein solches des Teiles zum Ganzen auffassen.

Faßt man das Verhältnis als ein solches der Zeit, dann ist unter der venditionis, donationis, quaevis alia causa dieselbe der Übergabe vorhergegangene Einigung, daß gekauft, geschenkt usw. sein solle, zu verstehen, wie unter der venditio aut aliqua iusta causa der l. Numquam.

Faßt man das durch die Präposition ex angedeutete Verhältnis als ein solches des Teiles zum Ganzen, so kann unter der venditionis, donationis, quaevis alia causa nur das durch die Übergabe vollendete Kauf-, Schenkungs- oder andere Geschäft verstanden werden. Diese Art sich auszudrücken hat das Gute, daß sie auch die Fälle deckt, wenn die Einigung der Übergabe nicht eigentlich vorhergeht, sondern mit ihr zusammenfällt.

Wie man das Verhältnis aber auch nimmt, so lehrt auch Gaius, daß Eigentum nicht übertragen wird, wenn nur einfach übergeben, sondern wenn verkauft und übergeben, geschenkt und übergeben usw. wird.

Das selbe wie mit der Präposition ex sagt der Römer auch mit dem bloßen Ablativ, dasselbe wie mit tradere ex causa donationis auch mit tradere donationis causa. Auch tradere donandi causa findet sich und tradere donandi gratia. Auch tradere donandi animo und tradere dotis nomine. Und noch manches andere.

Bei Papinian und dem Nachklassiker Hermogenian je ein paar Male, bei den Klassikern sonst sehr selten und immer unecht, um so häufiger bei den Kaisern und namentlich bei Diocletian, ist der Gebrauch von titulus statt causa[3], dem von nomen statt causa am nächsten kommend.

---

[2] De Francisci, Il trasferimento della proprietà. S. 153.

[3] Papinian l. 2 D. 20. 5, l. 54 D. 24. 1. — Hermogenian l. 30 D. 29. 4, l. 46 D. 41. 3. — Ulpian l. 13 § 1 D. 5. 3 nach Beseler Beitr. 4 S. 5 größtenteils, richtiger

Permutationis nomine tradere wörtlich übersetzt gleich „unter dem Namen Tausch übergeben", titulo permutationis tradere[4] wörtlich gleich „unter der Bezeichnung Tausch" übergeben, beides nicht so wörtlich übersetzt gleich „als getauscht übergeben".

Aber warum so künstlich? Warum sagen die Römer nicht einfach: Eigentum wird übertragen durch Kauf, Tausch, Schenkung usw.? Ist doch vendere zusammengesetzt aus venum und dare, sind doch donatio und dos Ableitungen von dare, bedeutet doch emere eigentlich „nehmen", und sind darum emptio, venditio, donatio, in dotem datio recht eigentlich die Namen für das durch Übergabe vollendete Geschäft. Permutatio auch.

Wegen des Kaufes haben wir nicht lange zu suchen: weil man auch schon die bloße Einigung, daß gekauft sein solle, emptio venditio genannt, dem unvollendeten Geschäft den Namen des vollendeten gegeben hatte. Da konnte man, wenn es darauf ankam, gar nicht anders, als dem zweideutig gewordenen Namen das hinzuzusetzen, was dem unvollendeten Geschäft zur Vollendung fehlte, das tatsächliche Geben und Nehmen, die Übergabe.

Und donare, dono dare, donum dare, doti dare, in dotem dare, permutare, noxae dare, noxae dedere, mutuum dare, credere, und anderseits donum accipere, in dotem accipere, permutatum accipere, noxae accipere, mutuum accipere, creditum accipere: so eindeutig das alles ist, so zum Verwundern wäre es, wenn diese einfachen Ausdrücke nicht doch die Regel wären und die mit tradere die Ausnahme. Wir schlagen das Wörterbuch auf, und so fast nicht zu zählen sind die Orte ihres Vorkommens, daß daneben die mit tradere fast verschwinden.

Ja, auch das kommt vor, und gar nicht so selten, daß nicht die bloße Einigung, daß gekauft sein solle, sondern das durch Übergabe vollendete Geschäft gemeint, und doch einfach von emere und vendere die Rede ist. So in l. 63 D. 18. 1, wo der von einem Beauftragten unter Überschreitung des Auftrages vorgenommene Verkauf für ungültig erklärt wird und gewiß nicht die Haftung des Beauftragten mit der actio empti, sondern der Übergang des Eigentums verneint werden soll. So besonders oft in dem Titel de distractione pignorum et hypothecarum. Wenn kein Mißverständnis zu befürchten war, warum auch nicht?

Noch manche Ausdrücke finden sich, bei den Juristen und namentlich bei den Kaisern, alle das vollendete Geschäft bezeichnend, alle mehr oder weniger wortreich, aber alle ohne tradere. Statt einfach

---

wohl gänzlich unecht. — l. 1 pr. D. 41. 9 gänzlich unecht, Bonfante, Le singole iustae causae usucapionis S. 29. — l. 1 § 9 D. 29. 4 *aut si forte . . . possessionis.* — Marcian l. 5 § 1 D. 20. 5 *quamvis . . . ea tenuerunt.*

[4] l. 4 C. 4. 64.

vendere auch venditione dare, venditionis titulo dare, venditionis titulo facere cessionem. Statt einfach emere auch venditione accipere, ex causa emptionis accipere, ex causa emptionis adquirere, emptionis titulo adquirere, emptione succedere. Statt einfach donare auch donatione dare, donationis causa dare, donandi causa dare, donationis titulo dare, donatione transferre, donationis titulo transferre, liberalitatis titulo transferre, donationis causa conferre, donationis titulo conferre, titulo liberalitatis conferre, donationis causa transscribere, donationis titulo largiri, ex causa donationis praestare. Statt einfach dono accipere auch ex donatione accipere, per donationem accipere, titulo donationis accipere, donatione quaerere, ex causa donationis consequi. Und dergleichen mehr.

Und dann die vielen Stellen, in denen Kauf, Tausch, Schenkung usw. geradezu als Eigentumserwerbsarten anerkannt und anderen unzweifelhaften Eigentumserwerbsarten an die Seite gestellt werden, von den Juristen[5] und namentlich von den Kaisern[6].

Und schließlich Justinian, der in seinen Institutionen die Schenkung unter den Eigentumserwerbsarten abhandelt und damit nur den Sabinuskommentaren folgt.

Als eine Hauptstelle gilt:

> L. 9 § 3 D. 41. 1, Gaius lib. 2 aureorum. Hae quoque res, quae traditione nostrae fiunt, iure gentium nobis adquiruntur: nihil enim tam conveniens est naturali aequitati, quam voluntatem domini volentis rem suam in alium transferre ratam haberi.

Dazu der fast gleichlautende § 40 I. 2. 1.

Gewiß, da steht es: Eigentum wird übertragen „durch Tradition“ und ist von keiner iusta causa die Rede, sondern allein von dem Willen Eigentum zu übertragen. Und lesen wir die ganze mit l. 1 eod. beginnende Abhandlung des angeblichen Gaius im Zusammenhange, so sehen wir die Tradition auch mit anderen unzweifelhaften Eigentumserwerbsarten, wie Occupation, Alluvion, Specification, in eine Reihe gestellt. Auch der echte Gaius stellt die Tradition mit der Mancipation, der Injurecession, der Usucapion in eine Reihe. Es ändert doch nichts daran, daß die Tradition kein Rechtsgeschäft, sondern nur das gewissen Übereignungsgeschäften gemeinsame Stück des Tatbestandes ist,

---

[5] l. 46 D. 41. 1, l. 11 § 5 D. 44. 2, l. 45 pr. D. 49. 14, l. 47 § 6 D. 15. 1, l. 1 § 5, 6 D. 15. 2, l. 9 pr. D. 20. 6, l. 29 § 1 D. 40. 7, l. 54 § 3a D. 41. 1, l. 55 D. 44. 7.

[6] l. 14 pr. § 1, 3, 5 C. 1. 2, l. 16 C. 2. 12, l. 3 C. 3. 32, l. 25 eod., l. 6 C. 4. 38, l. 7 eod., l. 6 C. 4. 39, l. 8 eod., l. 2 C. 4. 42, l. 1 C. 5. 23, l. 12 C. 5. 16, l. 18 eod., l. 16 C. 5. 37, l. 4 C. 5. 71, l. 8, l. 11, l. 15, l. 16 eod., l. 6 C. 6. 2, l. 8 § 1 C. 6. 61, l. 9 C. 8. 13, l. 2 C. 9. 33, l. 1 C. 11. 32.

und stimmt auf das beste damit überein, daß auch der Wille, Eigentum zu übertragen, allen diesen Geschäften gemeinsam, weil in jeder iusta causa enthalten ist. In dem auf § 40 I. 2. 1 folgenden § 41 ist zudem von der donationis, dotis, venditionis causa die Rede, nicht ausdrücklich als von einem Erfordernis, aber doch nur, weil sich das von selbst versteht.

Der Name des einen, allen diesen Geschäften gemeinsamen Stückes des Tatbestandes war den Römern ein bequemes Mittel, alle diese Geschäfte unter einem Namen zusammenzufassen. Und der angebliche Gaius will mit den Worten nihil enim tam conveniens est naturali aequitati usw. nur sagen, daß und warum die Eigentumsübertragung, genannt durch Tradition, dem ius gentium angehöre.

II. Erfüllung einer Schuld und Erfüllung einer Nichtschuld

Eigentum wird übertragen durch Kauf. So sagen wir nicht nur, wenn die Übergabe der Sache und die Zahlung des Kaufgeldes der Einigung auf dem Fuße folgen: so sagen wir auch, wenn Tage, Wochen, Monate inmitten liegen. Nur daß dann das sonst einheitliche Geschäft in drei Geschäfte auseinanderfällt, die zusammen dieselbe Wirkung haben, die sonst das eine einheitliche Geschäft hat: in erstens die Einigung, daß gekauft sein solle oder das Kaufversprechen mit der Wirkung, daß Käufer und Verkäufer einander verpflichtet sind das mit der Einigung begonnene Geschäft zu vollenden oder zu erfüllen, und zweitens und drittens die beiden Übergaben, jede mit dem Willen, das Geschäft zu vollenden oder zu erfüllen, jede mit der Wirkung, daß der Geber seiner Verpflichtung ledig und der Empfänger Eigentümer wird.

Solche gleichsam auseinandergereckten Käufe hat es gegeben vorwie nachdem die bloße Einigung, daß gekauft sein solle, zum verpflichtenden Kaufversprechen geworden war. Und nach wie vor ist die Übergabe der verkauften Sache eine traditio ex causa venditionis, nach wie vor geht das Eigentum der als verkauft übergebenen Sache nur über si venditio praecesserit, wenn die Sache wirklich verkauft ist, nach wie vor hat, wer etwas als verkauft übergeben hat, was nicht verkauft ist, nicht die condictio indebiti, sondern die rei vindicatio. Das ist nirgends gesagt, versteht sich aber von selber. Die condictio in l. 30 pr. D. 19. 1 und die in l. 45 D. 12. 6 kann der Kläger nur haben, weil er wirklich verkauft und den Beklagten zum Eigentümer gemacht hat. Die condictio in l. 32 D. 19. 1 und in l. 18 § 3 D. 4. 3 wegen der über das verkaufte Maß zugewogenen, also nicht verkauften Ware ist nicht indebiti, sondern furtiva, die in l. 18 § 3 zudem nicht echt[1].

Nach § 41 I. 2. 1 soll das Eigentum der verkauften Sache nur übergehen, wenn der Kaufpreis entweder gezahlt oder kreditiert worden ist, und soll diese Vorschrift schon auf einer der Zwölf Tafeln gestanden haben. Sie ist aber byzantinisch und wo immer sie sich findet interpoliert[2]. Das mit den Zwölf Tafeln haben die Verfasser der Institutionen Justinians sich aus dem zusammengereimt, was sie in den Institutionen des Gaius 1. 122 als älteste Gestalt der Mancipation angedeutet fanden.

Eigentum wird übertragen durch Tausch. So sagen wir wiederum nicht nur, wenn Einigung und Übergabe zeitlich mehr oder weniger zusammenfallen, sondern auch wenn noch so viel Zeit dazwischen liegt, und ist dann alles wie beim Kauf. Nur daß das römische Recht nicht dazu gekommen ist, schon der bloßen Einigung eine besondere Rechtswirkung beizulegen: sie müßte denn von einer Seite erfüllt worden sein. Doch auch das erst in nachklassischer Zeit. Und nach wie vor war die Übergabe der also versprochenen Sache eine traditio ex causa permutationis, nach wie vor ging das Eigentum nur über, wenn eine Einigung vorhergegangen war.

Eigentum wird übertragen durch Schenkung. So sagen wir auch, nachdem Justinian die bloße Einigung, daß geschenkt sein solle, zum verpflichtenden Schenkungsversprechen erhoben hat[3]. Und nach wie vor ist die Übergabe der also versprochenen Sache nur das zweite Stück eines aus zwei zeitlich auseinanderliegenden Stücken bestehenden Übereignungsgeschäfts, dessen erstes Stück das Schenkungsversprechen ist, das mit dem Versprechen beginnt und durch die Übergabe vollendet oder erfüllt wird. Nach wie vor ist diese Übergabe eine traditio ex causa donationis, und überträgt sie das Eigentum nur, wenn ein Versprechen wirklich vorhergegangen ist.

Eine Art Schenkung gibt es, bei der war es schon in klassischer Zeit so, die Schenkung an eine Stadt. Wir entnehmen es aus l. 3 § 1 D. 50. 12, wo die Übergabe der also versprochenen Sache eine traditio ex polli-

---

[1] Haymann, Savigny-Zeitschrift 40 S. 353ff. Heldrich, Das Verschulden beim Vertragsabschluß S. 15f., S. 36. Beseler, Beiträge zur Kritik der röm. Rechtsquellen 4 S. 173. — In l. 18 § 3 D. 4. 3 halte ich auch den Anfang für unecht, so daß als echt nur die Worte Trebatius de dolo dabat actionem übrig bleiben. Was bei Paulus davor stand, hat Tribonian gestrichen und einen Randindex dafür gesetzt. Paulus hätte doch wohl geschrieben in eum qui usw., und auch gesagt, was wissend der dritte die falschen Gewichte hergeliehen hatte, und wem er sie geliehen.

[2] Pringsheim, Der Kauf mit fremdem Geld S. 50ff., und Savigny-Zeitschrift 50 S. 333ff. Was in l. 53 D. 18. 1 statt *an eo nomine . . . solutum esset* gestanden haben könnte, sagt Pringsheim leider nicht. Ich meine an non.

[3] l. 35 § 5 C. 8. 53.

citatione genannt, das Versprechen damit ebenso als zum Tatbestande gehörig hingestellt wird, wie durch eine traditio ex causa pollicitationis. Dafür spricht auch die von Ulpian für den Fall, daß das schon erfüllte Versprechen widerrufen werden dürfte, ins Auge gefaßte rei vindicatio.

Eigentum wird übertragen durch Bestellung einer Dos. So sagen wir auch, nachdem in nachklassischer Zeit die bloße Einigung darüber zum verpflichtenden Dotalversprechen geworden ist[4]. Nach wie vor ist die Übergabe der also versprochenen Sache nur das zweite Stück eines aus zwei zeitlich auseinanderliegenden Stücken bestehenden Übereignungsgeschäfts, das mit dem Versprechen beginnt, mit der Übergabe vollendet oder erfüllt wird. Nach wie vor ist diese Übergabe eine traditio ex causa dotis, nach wie vor geht dadurch Eigentum nur über, wenn ein Versprechen wirklich vorhergegangen ist.

Und alle diese mit einem Versprechen beginnenden, durch die Übergabe der Sache sich vollendenden Übereignungsgeschäfte hat Justinian im Sinne in der schon von Pernice[5] für dermaßen interpoliert, daß der ursprüngliche Sinn nicht mehr zu entziffern sei, erklärten:

> L. 55 D. 44. 7, Iavolenus lib. 12 epistolarum. In omnibus rebus, quae dominium transferunt, concurrat oportet affectus ex utraque parte contrahentium, nam sive ea venditio sive donatio sive conductio sive quaelibet alia causa contrahendi fuit, nisi animus utriusque consentit, perduci ad effectum id quod inchoatur non potest.

Ich halte sie für gänzlich unecht. Wie ad effectum perducere das griechische εἰς ἔργον ἄγειν ist, so res das griechische πρᾶγμα in dem Sinne von „Geschäft“. Causa contrahendi findet sich nur noch in der interpolierten l. 17 pr. D. 23. 3[6], und mit der conductio soll wohl den Jüngern des Rechts ein Rätsel aufgegeben werden, dessen Lösung in l. 31 D. 19. 2 und l. 39 eod. zu finden ist. Wir übersetzen: „Zu allen Übereignungsgeschäften ist der übereinstimmende Wille beider Teile erforderlich; denn sei es ein Kauf, oder eine Schenkung, oder was es immer sei, ohne daß die Beteiligten sich einig sind, kann aus der Eigentumsübertragung nichts werden.“

Eigentum wird auch übertragen durch Stipulation und Übergabe, Damnationslegat und Übergabe, Fideicommiß und Übergabe, irgendein anderes verpflichtendes Geschäft oder Ungeschäft und Übergabe.

Auch wer sich durch Stipulation verpflichtet, beginnt damit ein Übereignungsgeschäft, das er durch Übergabe der Sache vollenden oder er-

---

[4] l. 6 C. 5. 11.

[5] Savigny-Zeitschrift 9 S. 204 Anm. 2.

[6] Beseler, Savigny-Zeitschrift 45 S. 259.

füllen will und muß: ein auf nichts anderes als Eigentumsübertragung gerichtetes sogar, hinter dem aber allemal ein auch auf Erlangung eines Gegenwertes gerichtetes steht.

Auch wer ein Damnationslegat oder ein Fideicommiß errichtet, beginnt damit ein Übereignungsgeschäft, das durch Übergabe zu vollenden er nur nicht sich selber, sondern seinem Erben auferlegt.

Auch wer eine unerlaubte Handlung begeht, durch die er zum Schadenersatz oder zu einer Geldstrafe verpflichtet wird, beginnt damit nicht zwar ein Übereignungsgeschäft, aber einen gesetzlichen Übereignungstatbestand, den er durch Zahlung des Schadenersatzes oder der Strafe zu vollenden oder zu erfüllen hat.

Das Merkwürdige ist nur, daß von alledem auch das Gegenteil richtig ist. Das in Erfüllung einer Stipulation, eines Damnationslegats, eines Fideicommisses, irgendeines anderen verpflichtenden Geschäfts oder Ungeschäfts Übergebene wird auch dann Eigentum des Empfängers, wenn es nicht geschuldet ist. Auch dem als Kaufgeld Gezahlten geht es so. Darum hat, wer eine solche Nichtschuld erfüllt hat, nicht die rei vindicatio, sondern die condictio indebiti, und wer es wissentlich tut, hat auch diese nicht.

Darum drücken die Römer sich auch so ganz anders aus, wenn von der Erfüllung einer dieser Verpflichtungen, als wenn von der Erfüllung des Verkäufers die Rede ist. Die Erfüllung einer Stipulation, eines Damnationslegates, eines Fideicommisses, irgendeines anderen verpflichtenden Geschäfts oder Ungeschäfts, die Erfüllung des Käufers mit einbegriffen, ist nicht je nachdem eine traditio ex causa stipulationis, ex causa legati, ex causa fideicommissi, ex causa des anderen verpflichtenden Geschäfts oder Ungeschäfts, sondern allemal eine traditio solvendi causa oder noch einfacher eine solutio. Diese Art sich auszudrücken hat den Vorzug, daß sie auch mit negativem Vorzeichen versehen werden, als indebiti solutio auch das Gegenteil bezeichnen kann.

Die Erfüllung einer Stipulation eine traditio ex causa stipulationis genannt, und die Erfüllung eines Fideicommisses eine traditio ex causa fideicommissi, findet sich nur je einmal und ist beide Male nicht echt.

> L. 3 D. 41. 10, Pomponius lib. 22 ad Sabinum. Hominem, quem ex stipulatione te mihi debere falso existimabas, tradidisti mihi: *si scissem mihi nihil debere* usu eum non capiam, *quod si nescio verius est ut usucapiam, quia ipsa traditio ex causa quam veram esse existimo sufficit ad efficiendum, ut id quod mihi traditum est pro meo possideam,* et ita Neratius scripsit idque verum puto.

Der so schreibt, ist ohne Zweifel gewillt, von einem aus einer Stipulation geschuldeten und übergebenen Sklaven zu sagen, daß er ex causa stipulationis übergeben worden sei. Nur ist es nicht Pomponius, der so schreibt. Man streicht allgemein *quod si nescio* bis *possideam*, aber auch *si scissem mihi nihil debere* ist fehlerhaft[7]. Nur folgt daraus nicht, daß Pomponius und Neratius die Ersitzung pro soluto der nicht geschuldeten Sache allgemein haben leugnen wollen. Der Sklave ist res mancipi und nur übergeben worden. Die Folge ist, daß der Geber nicht auf die condictio indebiti angewiesen ist, sondern seine rei vindicatio behalten hat, der Beklagte dagegen zwar eine exceptio hat, nach Art der exceptio rei venditae et traditae, dem Kläger aber die replicatio doli nicht versagt werden kann. Die Folge ist, merken wir uns das wohl, daß durch Erfüllung einer Nichtschuld bonitarisches Eigentum nicht übertragen wird. Die Folge ist auch, daß der Empfänger einer Nichtschuld nicht ersitzen kann und nicht die actio Publiciana hat. Eine iusta causa, auf die man sich nicht berufen kann, ohne den Vorwurf des dolus auf sich zu ziehen, taugt nicht zur Ersitzung.

L. 3 D. 7. 6, Julianus lib. 7 digestorum. Qui usum fructum *traditum* sibi ex causa fideicommissi desiit in usu habere tanto tempore, quanto si *legitime* eius factus esset amissurus eum fuisset, actionem ad restituendum eum habere non debet, *est enim absurdum plus iuris habere eos, qui possessionem dumtaxat usus fructus, non etiam dominium adepti sint.*

Der so schreibt, hält es auch nicht für unerlaubt, von einer körperlichen Sache zu sagen, daß sie ex causa fideicommissi übergeben worden sei. Aber *traditum* ist unecht: das hat Albertario[8] erkannt, leider ohne zu sagen, was Julian geschrieben haben könnte. Ich meine non iure constitutum. Daß die interpolierte l. 1 pr. D. 7. 4 beides hat, den usus fructus traditus und den usus fructus non iure constitutus, spricht nicht notwendig dagegen. Daß *legitime* tribonianischer Ersatz für ex iure Quiritium und der ganze letzte Satz unecht ist, hat Beseler[9] gesehen. Unter der actio ad restituendum usum fructum verstehe ich nicht mit Beseler[10] eine utilis actio Publiciana, sondern die Klage aus dem Fideicommiß auf rechtsgültige Bestellung des Nießbrauches.

Daß von der Erfüllung einer Stipulation oder eines Fideicommisses, so wie in diesen beiden Stellen zu reden in der klassischen Zeit nicht erlaubt gewesen wäre, ist dennoch nicht anzunehmen. Es war nur nicht so üblich.

L. 41 D. 24. 3, Papinianus lib. 37 quaestionum. Si pater ignorans filiam divortisse dotem ex causa promissionis numeravit, non per indebiti condictionem sed *de dote* actione pecunia petetur.

---

[7] Fritz Schulz, Savigny-Zeitschrift 52 S. 548.

[8] La protezione pretoria delle servitù romane S. 16, aus Filangieri 1913.

[9] Beitr. 2 S. 6.

[10] Beitr. 3 S. 171.

Der so schreibt, würde auch nicht anstehen, ex causa promissionis tradidit zu schreiben.

L. 42 D. 22. 1, Modestinus lib. 11 responsorum. Herennius Modestinus respondit, fructus qui post adquisitum ex causa fideicommissi dominium ex terra percipiuntur ad fideicommissarium pertinere.

Das Fideicommiß eine causa dominii adquirendi: der so schreibt, hätte auch gegen eine traditio ex causa fideicommissi nichts einzuwenden.

Die Erfüllung des Verkäufers, eine solutio genannt, kommt nur ganz selten vor und ist allemal unecht[11].

Der Satz, daß auch durch Erfüllung einer Nichtschuld Eigentum übergeht, ist eine Hauptstütze der Lehre, daß jedes Übereignungsgeschäft sich aus zwei Geschäften zusammensetze, einem auf nichts anderes als Eigentumsübertragung gerichteten Geschäft und einem sogenannten Causalgeschäft. Nur so erkläre es sich, daß die Eigentumsübertragung von dem Bestehen einer Schuld und dem Gelingen ihrer Erfüllung, als dem Causalgeschäft, unabhängig sei, das Gelingen der Schulderfüllung dagegen von dem Übergange des Eigentums abhängig. Den Widerspruch der l. 31 D. 41. 1 sieht man wohl, meint aber, die l. 31 drücke sich ungenau aus. Auch die als käuflich versprochen übergebene, in Wirklichkeit nicht verkaufte Sache läßt man wie jede andere nicht geschuldete Sache Eigentum des Empfängers werden.

Das auf nichts anderes als Eigentumsübertragung gerichtete Geschäft, genannt Tradition, ist doch nur eine der, wenn man von der ungewollt entstehenden condictio indebiti absieht, in nichts anderem als Eigentumsübertragung bestehenden Rechtswirkung zuliebe an die Wand gemalte Fiction. Die Erfüllung einer Schuld und die Erfüllung einer Nichtschuld, die wissentliche und die unwissentliche, das sind in Wahrheit drei verschiedene, wohl auseinanderzuhaltende Übereignungsarten.

Die Erfüllung einer Schuld ist kein Geschäft vom Range des Kaufes, des Tausches, der Schenkung usw. Die Erfüllung einer Schuld ist nicht nur, wenn sie Erfüllung eines Kaufes ist, sondern immer nur das zweite Stück eines aus zwei zeitlich auseinanderliegenden Stücken bestehenden Übereignungstatbestandes, dessen erstes Stück das zu erfüllende verpflichtende Geschäft oder Ungeschäft ist. Daß der Gläubiger Eigentümer der ihm übergebenen Sache werden soll, darüber bedarf es keiner

[11] l. 31 § 1 D. 12. 1, Fritz Schulz, Sav.-Z. 27 S. 133. — l. 48 D. 41. 3, Beseler, Beitr. 3 S. 182 u. 198. — l. 95 § 12 D. 46. 3, Stoll, Sav.-Z. 44 S. 49.

Einigung mehr: darüber hat man sich geeinigt, indem man sich über das verpflichtende Geschäft geeinigt hat. Handelt es sich um Erfüllung eines Vermächtnisses, so hat der Erblasser, handelt es sich um Erfüllung einer Verpflichtung aus unerlaubter Handlung, hat das Gesetz den Übergang des Eigentums vorgeschrieben. Erfordert wird nur, daß die geschuldete Sache mit dem Willen, das vorhergehende verpflichtende Geschäft oder Ungeschäft zu erfüllen oder zu vollenden, übergeben und vom Gläubiger nicht zurückgewiesen wird. Daß das Eigentum übergeht, ist die Folge des Zusammenwirkens beider Stücke, des zu erfüllenden Geschäfts oder Ungeschäfts und seiner Erfüllung. Nur daß der Schuldner von seiner Verpflichtung frei wird, ist Folge der Erfüllung allein.

Die wissentliche und die unwissentliche Erfüllung einer Schuld sind selbständige Rechtsgeschäfte und jedes in sich eine iusta causa, ob die Römer es sagen oder nicht.

Die wissentliche Erfüllung einer Nichtschuld ist ein nach dem Willen des Gebers selbständiges, auf nichts anderes als Eigentumsübertragung gerichtetes Geschäft unter dem Scheine der Erfüllung einer Schuld, die sie nach dem Willen des Empfängers auch sein soll. Es kann eine Schenkung dahinter stecken.

Die unwissentliche Erfüllung einer Nichtschuld ist ein gegen den Willen beider Teile selbständiges, weil ohne vorhergehendes verpflichtendes Geschäft oder Ungeschäft, und darum ohne befreiende Wirkung Eigentum übertragendes, dafür aber den Empfänger zur Rückübertragung des Eigentums verpflichtendes Geschäft. Schon Gaius 3. 91 vergleicht sie darum mit der Hingabe eines Darlehens. Erfordert wird, daß die Sache mit dem Willen und in dem Glauben, eine Schuld zu erfüllen, übergeben und in diesem Glauben angenommen wird. Das nicht vorhergegangene verpflichtende Geschäft oder Ungeschäft wird durch den Glauben, es sei vorhergegangen, ersetzt.

So ist auch die Erfüllung einer letztwillig auferlegten Bedingung nur das zweite Stück eines aus zwei zeitlich auseinanderliegenden Stücken bestehenden Übereignungsgeschäfts, dessen erstes Stück die die Bedingung auferlegende letztwillige Verfügung ist, und stehen als selbständige Geschäfte daneben die wissentliche und die unwissentliche Erfüllung einer in Wirklichkeit nicht auferlegten Bedingung: mag auch nur die unwissentliche in den Quellen zu finden sein.

Es gibt eine merkwürdige Stelle, die man, ohne sie zu vergewaltigen, nicht anders verstehen kann, als daß durch Erfüllung einer Nichtschuld Eigentum nicht übergehe.

L. 7 § 3 D. 10. 3, Ulpianus lib. 20 ad Sabinum. *Ex quibusdam autem causis vindicatio cessat: si tamen iusta causa est possidendi, utile communi dividundo competit, ut puta si ex causa indebiti soluti res possideatur.*

In l. pr. eod. ist das iudicium communi dividundo unter Miteigentümern gegeben worden, in l. 7 pr. auch unter mehreren Pächtern eines ager vectigalis, in l. 7 § 2 auch unter solchen qui in rem Publicianam habent, soll heißen, die Sache nicht vom Eigentümer, aber ex iusta causa und in gutem Glauben erworben haben. Es gebe aber auch Fälle, fährt l. 7 § 3 nun fort, in denen eine Vindication ausgeschlossen sei, in denen mit anderen Worten die Beteiligten weder Eigentümer sind, noch Pächter eines ager vectigalis, noch die Sache von einem Nichteigentümer ex iusta causa und in gutem Glauben erworben haben. Habe man dann aber eine iusta causa possidendi, stehe einem zwar nicht das directum, wohl aber ein utile communi dividundo iudicium zu. Und als Beispiel einer iusta causa possidendi, die also keine iusta causa dominii adquirendi ist, was nennt man uns? Wenn der Besitz durch Erfüllung einer Nichtschuld erworben worden sei.

Daß Ulpian so nicht geschrieben hat, liegt auf der Hand.

Kellers aus dessen nachgelassenen Papieren von Mommsen mitgeteilte Vermutung ist gewiß geistreich. Ulpian soll einen Fall nach Gaius 2. 60 im Sinne gehabt und so geschrieben haben: si ex causa debiti soluti fiducia possideatur. Was ist damit gewonnen? An Justinian bleibt es doch hängen.

Was nützt es auch, vor *vindicatio cessat* mit Mommsen ein ubi einzuschieben oder aus *quibusdam* mit Lenel ein bloßes quibus zu machen? Daß man sich dafür auf die Basiliken und deren Scholiasten berufen kann, beweist nur, daß schon denen der Stil mißfallen hat. Die Worte *ex quibusdam autem causis vindicatio cessat* erinnern zu stark an die Worte ex quibusdam tamen causis repeti non potest des gewiß nicht aus der Feder eines Klassikers geflossenen § 7 I. 3. 27, als daß man die l. 7 § 3 nicht für gänzlich unecht erklären dürfte.

Merkwürdig, wie von allen denen, die Kellers Vermutung mit Beifall aufgenommen haben, ganz allein Rudorff[12] das Bedürfnis empfunden zu haben scheint, auch Justinian zu entlasten. „Die Compilatoren", so schreibt er, „gaben nun die actio communi dividundo mehreren ehemaligen Eigentümern, welche durch Zahlung die Vindication eingebüßt, aber wegen gezahlter Nichtschuld einen Anspruch auf dingliche Verstärkung einer Rückforderung zu haben schienen." Die Interpolation hätte also unter den viel besprochenen Fällen einer utilis vindicatio einen Platz verdient. So macht er aus der Vindication, die

[12] Z. für Rechtsgeschichte 6 S. 445.

nicht zusteht, des Empfängers eine solche des Gebers und aus dem iudicium communi dividundo unter mehreren Empfängern eine verkappte Vindication des Gebers gegen den Empfänger, stellt mit einem Wort alles auf den Kopf, und es bleibt doch alles wie es war: der Geber kann vindicieren.

Verfehlt ist auch, wie die Glosse sich aus der Verlegenheit zu ziehen sucht. Zu den Worten ex quibusdam autem beginnt sie:

> Melius dixisset enim, ut ista esset ratio praecedentium.

Die Worte ex quibusdam autem usw., will sie sagen, seien auf den vorhergehenden § 2 zu beziehen und sollen erklären, warum das iudicium communi dividundo auch solchen gegeben werde, qui in rem Publicianam habent: weil es nämlich vorkommen könne, daß die Beteiligten nicht vom Eigentümer erworben und darum keine Vindication haben. Nur daß dem das autem entgegenstehe, statt dessen es enim heißen müßte: und daß diese Erklärung, dürfen wir hinzusetzen, mehr als überflüssig ist. Die Glosse besinnt sich also und fährt fort:

> Vel dic, dixit dari hanc actionem, si habeat iure praetorio utilem rei vindicationem... et hic dicit, quando a non domino soluta est et cessat Publiciana, quia non est ex iusta causa tradita.

Oder vielmehr so, sagt sie: in § 2 sei das iudicium communi dividundo denen gegeben worden, die die rei vindicatio utilis, genannt actio Publiciana, haben, hier handle es sich um den anderen Fall, wenn auch diese versage, weil nicht nur nicht vom Eigentümer, sondern auch nicht ex iusta causa übergeben worden sei.

Was ist damit gewonnen? Wenn die ex causa indebiti soluti vom Nichteigentümer übergebene Sache nicht ex iusta causa übergeben worden ist, dann ist es auch nicht die vom Eigentümer übergebene, und bleibt es dabei, daß sie nicht Eigentum des Empfängers wird. Gerade das aber will die Glosse nicht wahr haben: nur im Sinne der actio Publiciana soll die ex causa indebiti soluti übergebene Sache nicht ex iusta causa übergeben sein, im Sinne der rei vindicatio dagegen wohl. In aller Offenheit sagt es Anton Faber[13]:

> Ideo autem adiecimus „a non domino", quia si indebiti solutio et traditio facta esset a domino, transferretur dominium et haberent illi qui acceperunt directam vindicationem, quia vere essent domini.

Gänzlich aus der Luft gegriffen ist, was Cujacius zur Lösung des Rätsels beizubringen weiß[14]:

---

[13] Rationalia zu d. St.

[14] Venedig und Modena 1758ff. VII. 574 D.

Scio iuris consultum scripsisse: ut puta si ex causa iusis iurandi res possideatur. Sic habent Basilica: notas Tribonianus explanavit male.

Die Basiliken haben nichts der Art.

Ganz verfehlt sind auch die Versuche der byzantinischen Scholiasten. Des Stephanus[15], der die unmöglichsten Beispiele erfindet. Des Cyrillus[16], der gleich der Glosse ein παρὰ τοῦ μὴ δεσπότου einschiebt. Des Johannes Nomophylax[17], der als die Vindication, die nicht zusteht, gleich Rudorff die des Gebers ausgibt.

Eine Ausnahme, nicht nur unter den Byzantinern, macht der sogenannte Anonymus[18]. Der nimmt die l. 7 § 3 wie sie ist.

Τὸ γὰρ ἰνδεβίτως καταβληθέν οὐ γίνεται τοῦ λαμβάνοντος.

So bemerkt er zu ihr und beruft sich auch noch auf l. 25 § 1 D. 7. 1. Und ist es denn wohl auch, von dem zu l. 25 § 1 die ohne Namen als Scholion zu Bas. 16. 1. 25 überlieferte Bemerkung ist[19]:

Ἀχρεώστητα γὰρ κατεβλήθησαν.

Die in dem Falle gezahlten, nicht Eigentum des Empfängers gewordenen Gelder nämlich. Was freilich ein Irrtum ist.

Nur wie er über die entgegenstehenden Zeugnisse hinwegkommt, sagt der Anonymus leider nicht.

Gaius 3. 91 vergleicht die Verpflichtung dessen, der eine Nichtschuld empfangen hat, mit der aus einem Darlehen. Justinian in § 1 I. 3. 14 tut dasselbe mit denselben Worten und scheint damit jeden Zweifel daran auszuschließen, daß durch Erfüllung einer Nichtschuld Eigentum übertragen und durch die condictio indebiti übertragenes Eigentum zurückgefordert wird. Wie, wenn die Wahrheit in der Mitte läge? Mit der Verpflichtung aus einem Darlehen vergleichbar ist die aus empfangener Nichtschuld doch nur, wenn Geld oder vertretbare Sachen, nicht auch wenn Grundstücke oder Sklaven gegeben worden sind. Wie, wenn Justinian es so gemeint hätte, daß durch Hingabe von Geld oder vertretbaren Sachen Eigentum immer noch übergehen solle, durch Hingabe nicht vertretbarer Sachen nicht mehr?

Nach Gaius 4. 4 ist nichts gewisser als non posse nos rem nostram ab alio ita petere „si paret eum dare oportere", und daß nur gegen den Dieb eine Ausnahme gemacht wird. Und wieder sagt Justinian dasselbe mit denselben Worten in § 14 I. 4. 6. Und sagt es noch ein-

---

15 Schol. 3 Καί οἱ δυνάμενοι und Schol. 5 Ἴσως γάρ zu Bas. 12. 2. 7 (= l. 7 § 3 D. 10. 3), Heimbach 1 S. 799 f.

16 Schol. 3 Κυριλλ. ebenda.

17 Schol. 4 Ἰωάννου ebenda S. 800.

18 Schol. 4 Τοῦ αὐτοῦ, Heimbach a. a. O. S. 800.

19 Heimbach 2 S. 187.

mal mit Ulpians Worten in l. 12 D. 7. 9: neminem rem suam nisi furi condicere posse. Wenn aber durch Erfüllung einer Nichtschuld Eigentum nicht mehr übergehen soll, sei es auch nur an nicht vertretbaren Sachen, und Justinian dennoch auch wegen solcher noch die condictio indebiti gibt, widerspricht er dann nicht sich selber? Condictionen der eigenen Sache des Klägers hat Justinian so viele zugelassen, trotz § 14 I. 4. 6 und l. 12 D. 7. 9, daß man über diesen Widerspruch hinwegsehen kann. Wenn es wirklich ein Widerspruch ist. Nur von der condictio mit „si paret eum dare oportere" sagt Justinian, daß sie wegen der eigenen Sache ausgeschlossen sei; es gibt jetzt auch andere Condictionen.

Auch l. 65 § 8 D. 12. 6 ist nicht unüberwindlich. Ein nicht geschuldeter Sklave ist von dem Empfänger freigelassen worden. Ist der Geber Eigentümer geblieben, müßte er ihn in libertatem vindicieren können. Justinian gibt ihm nur die condictio indebiti auf Zahlung des Wertes. Er könnte es favore libertatis getan haben. Nach l. 1 C. 7. 10 soll der Eigentümer eines Sklaven, den ein dritter freigelassen hat, die Wahl haben zwischen der Vindication des Sklaven und der Zahlung seines Wertes. Ebenso könnte auch der behandelt werden sollen, der so unvorsichtig gewesen ist, einen nicht geschuldeten Sklaven zu leisten, als hätte er im voraus gewählt.

Auch auf die Frage läßt sich vielleicht eine Antwort geben, wie Justinian mit einer so einschneidenden Neuerung an einem so versteckten Ort hat herauskommen können, wie die l. 7 § 3 D. 10. 3 doch ist. In l. 7 § 2 eod. wird das iudicium communi dividundo auch denen gegeben, qui in rem Publicianam habent. Ulpian wird es solchen nur dann gegeben haben, wenn die Sache eine res mancipi und vom Eigentümer erworben worden war. Dabei mag er auch den Fall berührt haben, den wir von l. 3 D. 41. 10 her kennen, wenn die res mancipi in Erfüllung einer Nichtschuld übergeben worden war und dem Erwerber das iudicium communi dividundo versagt werden mußte, weil seiner actio Publiciana die exceptio doli entgegenstand, das bonitarische Eigentum also nicht auf ihn übergegangen war. Aus der ex causa indebiti soluti übergebenen res mancipi hat dann Justinian eine aus ebensolcher causa übergebene irgendwelche, nur gleich der res mancipi nicht vertretbare Sache, aus dem nicht übergegangenen bonitarischen Eigentum nicht übergegangenes civiles Eigentum gemacht.

Auch wie Justinian dazu kommt, die causa indebiti soluti, obwohl sie keine iusta causa dominii adquirendi mehr sein soll, doch eine iusta causa possidendi zu nennen, läßt sich erklären. In l. 3 D. 41. 10 erlaubt er doch, die so erworbene Sache zu ersitzen.

III. Julian und Ulpian

L. 36 D. 41. 1, Julianus lib. 13 digestorum. *Cum in corpus quidem quod traditur consentiamus, in causis vero dissentiamus,* non animadverto cur inefficax sit traditio, veluti si ego credam me ex testamento tibi obligatum esse ut fundum tradam, tu existimes ex stipulatu tibi eum deberi, nam et si pecuniam numeratam tibi tradam donandi gratia, tu eam quasi creditam accipias, *constat proprietatem ad te transire, nec impedimento esse quod circa causam dandi atque accipiendi dissenserimus.*

Ob es etwas Durchschlagenderes geben könne, so hat man gemeint, als wenn der eine diese, der andere jene causa im Sinne haben, eine iusta causa also gänzlich fehlen und doch das Eigentum übergehen könne, wie in dieser berühmten Stelle in diesen beiden Fällen Julian zu sagen scheint.

Der erste Fall macht keine Schwierigkeit. A hat eine Sache übergeben in dem Glauben, sie aus einem Damnationslegat zu schulden, B sie als aus einer Stipulation geschuldet angenommen. Warum B nicht Eigentümer werden sollte, das sei nicht einzusehen, sagt Julian, und es ist auch nicht einzusehen. A ist in dem Glauben gewesen, die Sache zu schulden, und B in dem Glauben, daß sie ihm geschuldet werde, alles andere ist Nebensache. Also ist B durch unwissentliche Erfüllung einer Nichtschuld Eigentümer geworden.

Nun handelt es sich freilich um ein Grundstück, und nicht ohne Schein hat Lenel[1] vermutet, daß Julian nicht von Tradition geredet habe, sondern von Mancipation. Julian in seinem 13. Buche, aus dem die l. 36 entnommen ist, habe von der fiducia gehandelt, und nirgends hätten Mißverständnisse über die causa leichter vorkommen können als bei fiduciarischen Mancipationen. Aber doch nur, wenn darüber keine Urkunden aufgenommen worden waren: und wann kam denn das vor? Näher liegt, daß Julian die Frage aufgeworfen hat, warum keine fiducia an Provinzgrundstücken, und so denn auf das Erfordernis einer iusta causa und der Übereinstimmung darüber gekommen ist: dieselbe Frage, die in seinem 31. Buche, aus dem die l. 31 D. 41. 1 entnommen ist und in dem auch er von der fiducia handelte[2], Paulus vor sich hatte. Eine iusta causa war das pactum fiduciae nicht.

Was jetzt als Einleitung dient, die Worte *cum in corpus quidem quod traditur consentiamus, in causis vero dissentiamus,* erinnert zu sehr an den anerkannt unechten Anfang der l. 21 § 2 D. 19. 1[3]: quam-

---

[1] Sav.-Z. 3 S. 179.
[2] Lenel a. a. O. S. 114.
[3] Pernice, Labeo II 2 S. 248.

vis supra diximus cum in corpore consentiamus, de qualitate autem dissentiamus, als daß es von Julian sein könnte. Der consensus in corpore scheint ein Steckenpferd der Byzantiner gewesen und auch sonst unecht zu sein[4].

Nicht ganz so einfach liegt der zweite Fall. Einer hat dem anderen Geld gegeben, es ihm zu schenken, der andere es in dem Glauben angenommen, er bekomme es als Darlehen. Ob Julian wirklich der Meinung gewesen ist, daß weder Schenkung noch Darlehen zustande gekommen und doch das Eigentum übergegangen sei, nur damit der Geber es sich mit einer condictio zurückhole? Und ob wir dann nicht lieber Ulpian folgen, der denselben Fall behandelt, das Eigentum aber nicht übergehen läßt?

> L. 18 pr. D. 12. 1, Ulpianus lib. 7 disputationum. Si ego pecuniam tibi quasi donaturus dedero, tu quasi mutuam accipias, Iulianus scribit donationem non esse: sed an mutua sit videndum. et puto nec mutuam esse magisque nummos accipientis non fieri, cum alia opinione acceperit. quare si eos consumpserit, *licet* condictione teneatur, *tamen doli exceptione uti poterit, quia secundum voluntatem dantis nummi sunt consumpti.*

Doch man muß diese Stelle zu lesen verstehen, so wie schon Eisele[5] und vor ihm Cujacius[6] sie gelesen haben. Wie in einer Spiegelschrift finden wir dann in ihr, was wir in l. 36 vermissen, die wahre Meinung Julians.

Iulianus scribit donationem non esse, sed an mutua sit videndum. Also hatte Julian die Schenkung verneint, aber die Frage aufgeworfen, ob nicht vielleicht das Darlehen zustande gekommen und so das Eigentum übergegangen sei.

Videndum, wendet Lange[7] ein, sei zwar ein Lieblingsausdruck Ulpians, werde von Julian aber nie gebraucht. Und Ulpian, so behauptet Beseler[8], hätte ein schlechter Stilist sein müssen, um nach videndum die Ergänzung von esse zu wollen und zu erwarten, und nicht von est. Mit den Worten sed an mutua sit videndum berichtet Ulpian nicht mehr, was Julian geschrieben, sondern nehme er selber das Wort. Zwei Stellen finden sich aber doch, l. 37 D. 6. 1 und l. 3 D. 8. 5, die eine von Ulpian, die andere von Paulus, in denen beiden Julian als redend eingeführt wird, und gar kein Zweifel sein kann, in der einen, daß videamus, in der anderen, daß videndum von Julian

---

[4] Bonner Festgabe für Zitelmann, 1923, S. 46, und dazu Beseler, Sav.-Z. 45 S. 222 f.

[5] Iherings Jahrb. 23 S. 9 ff.

[6] Venedig und Modena 1758 ff., VI 82 ff., VII 657.

[7] Das kausale Element im Tatbestande der klassischen Eigentumstradition S. 66.

[8] Sav.-Z. 45 S. 221.

ist, und in deren einer Paulus sich nicht scheut, nach videndum die Ergänzung von esse zu wollen und zu erwarten und nicht von est.

Et puto nec mutuam esse magisque nummos accipientis non fieri, cum alia opinione acceperit. Also hatte Julian das Darlehen bejaht und diese Entscheidung damit begründet, daß der Empfänger, indem er das als Geschenk gegebene als Darlehen annahm, doch nicht etwas so ganz anderes gewollt habe als der Geber, um eine Einigung unter ihnen als ausgeschlossen erscheinen zu lassen. Wer schenken, also auf Nimmerwiedersehen dahingeben wolle, so mochte Julian gesagt haben, der sei auch damit einverstanden, nur als Darlehen gegen Rückerstattung zu geben. So sieht auch in l. 52 D. 19. 2 Pomponius den mit dem vermeintlich geforderten höheren Mietzinse einverstandenen Mieter als mit dem wirklich geforderten geringeren einverstanden. Was Kriegsmann[9] einwendet, unmöglich habe Julian die unzweifelhaft vorliegende qualitative Verschiedenheit als quantitative behandeln können, deckt sich mit dem cum alia opinione acceperit Ulpians, schließt aber nicht aus, daß Julian seine Entscheidung auf diese ebenso gewagte wie geistreiche und für ihn charakteristische Weise gerechtfertigt hat.

Alles das also hat Justinian in l. 36 gestrichen und sein *constat proprietatem ad te transire, nec impedimento esse quod circa causam dandi atque accipiendi dissenserimus* an die Stelle gesetzt. Wenn Julian constat geschrieben hätte und hätte schreiben können, sagt nicht mit Unrecht Beseler[10], dann mußte Ulpian sich wohl fügen.

Julians Entscheidung gilt einzig und allein dem Falle, wenn der Geber schenken will und der Empfänger glaubt, er bekomme ein Darlehen. Nichts liegt ihm ferner, als daß man den Fall auch nur umkehren und doch ebenso entscheiden könnte. Auch wenn es sich nicht um Erfüllung einer Nichtschuld handle, so ist sein Gedanke, könne es vorkommen, daß der eine dieses, der andere jenes Geschäft im Sinne habe und doch Eigentum übergehe. Aber nur als Ausnahme.

Auch Justinian liegt nichts ferner als das. Nur um eine gerechtere Entscheidung dieses Falles ist es ihm zu tun, als Julian und auch als Ulpian gegeben hat.

Die Entscheidung Julians und die Entscheidung Ulpians, eine wie die andere waren sie nur mit dem Verstande gefunden, nicht mit dem Herzen. Eine wie die andere liefen sie darauf hinaus, daß der Geber, wenn er den Irrtum des anderen gewahr und ihm die Sache leid geworden war, sich den Irrtum zunutze machen und sein Geschenk zurückfordern konnte. Unser Gefühl verlangt, daß der Empfänger die Schenkung immer noch annehmen und das Gegebene behalten dürfe.

---

[9] Der Rechtsgrund der Eigentumsübertragung S. 37 ff.

[10] Beitr. 3 S. 57.

Das selbe Gefühl hatte auch Justinian.

Aus diesem Gefühl heraus gibt er in l. 18 dem Empfänger gegen die condictio des Gebers die exceptio doli. Ulpian hatte nur geschrieben quare si eos consumpserit condictione tenetur[11]. Und mit der exceptio das Recht, das lehrt schon ein Byzantiner[12], die Schenkung immer noch anzunehmen. So kann auch in dem Falle der l. 25 D. 39. 5 die als Geschenk nicht des A, sondern des mit der Überreichung beauftragten B übergebene und darum nicht Eigentum des Empfängers gewordene Sache dank der von Justinian gegebenen exceptio doli immer noch als Geschenk des A angenommen und behalten werden. Zwar gibt Justinian in l. 18 die exceptio nur gegen die condictio des von dem Empfänger verbrauchten, nicht auch gegen die vindicatio des bei ihm noch vorhandenen Geldes. Aber doch nur aus Gedankenlosigkeit, weil Ulpian nur von der condictio geredet hatte. Schon die Byzantiner tragen kein Bedenken, auch gegen die vindicatio eine exceptio zu geben[13].

Aus dem selben Gefühl heraus hat er auch in l. 36 sein *constat proprietatem ad te transire* eingesetzt. Nicht also, damit der Schenker sein Geschenk mit einer condictio zurückfordere. Wo steht davon in l. 36 ein Wort? Sondern in wohlmeinender Absicht, κατὰ τὸ φιλάγαθον, wie ein Byzantiner verständnisvoll bemerkt[14]. Soll heißen: damit der Empfänger das als Geschenk Gegebene als Geschenk behalte. So läßt Justinian auch in l. 13 D. 39. 5 die wegen des Mißverständnisses über die Person des Beschenkten von Ulpian für nicht zustande gekommen erklärte Schenkung doch zustande gekommen sein[15], wieder κατὰ τὸ φιλάγαθον[16]. Und wiederum ist es nur seine Oberflächlichkeit und sein Mangel an Schärfe, die ihn das Wort Schenkung nicht finden, sondern nur allgemein von Eigentumsübergang reden lassen.

Bis auf die Kleinigkeit, daß, was nach l. 36 dem Empfänger in den Schoß fällt, er sich nach l. 18 durch eine exceptio wahren muß, ist damit zwischen Julian und Ulpian die Übereinstimmung hergestellt. Nach l. 36 wird der Empfänger Eigentümer wie nach Zivilrecht, nach l. 18 wird er es wie nach prätorischem Recht.

Wie aber, wenn der Empfänger nicht beschenkt sein will? Wie, wenn er vorzieht, das als Darlehen Empfangene als Darlehen zurückzuzahlen? Dann wird Justinian sicherlich nichts dagegen haben. Und hat er in der l. 36 doch so ganz unrecht nicht, wenn er das Wort

---

11 Paul Krüger zu d. St. Beseler Beitr. 3 S. 57.

12 Schol. 7 διὰ τοῦτο zu Bas. 23. 1. 18 (= l. 18 D. 12. 1), Heimbach 2 S. 615.

13 Schol. 6 Ὁμοίως ebenda S. 614.

14 Schol. 3 ζήτει zu Bas. 23. 1. 18, Heimbach 2 S. 614.

15 Alibrandi, Opere 1 S. 273.

16 Schol. 2 τοῦ Ἐναντιοφανοῦς zu Bas. 47. 1. 12, Heimbach 4 S. 569.

Schenkung nicht findet, sondern nur von Eigentumsübergang redet. Schenkung oder Darlehen, wie der Empfänger will, so muß es heißen. Das Eigentum geht auf alle Fälle über, was weiter wird, muß sich finden.

IV. Von der Glosse bis Savigny

Solange es eine Wissenschaft des Römischen Rechts gibt, bis in das neunzehnte Jahrhundert hinein, hat man sich an die l. Nunquam D. 41. 1 gehalten und zur Übertragung des Eigentums die zwei Dinge gefordert, erstens die Übergabe und zweitens eine iusta causa.

Solange es eine Wissenschaft des Römischen Rechts gibt, hat man aber unter venditio immer nur das verpflichtende Kaufversprechen verstanden und unter iusta causa jedes andere verpflichtende Geschäft oder Ungeschäft. Ex iusta causa, so bemerkt zu diesen Worten des § 4 I. 4. 6 die Glosse, id est ex aliquo contractu, auf die Beispiele in dem Titel de Publiciana in rem actione verweisend. Und an Beispielen alles überbietend, schreibt Johann Apel[1]:

> Requiritur ipsius traditionis iusta causa, nempe contractus delictum vel quasi: ut emptio donatio dotis constitutio transactio; negotiorum gestio iusiurandum sententia; contumelia damnum imperitia iudicis deiectio coenacularii.

Wahrlich keine Neuerung war es also, wenn Hugo[2] lehrte, daß der Übergabe „eine persönliche Forderung wirklich vorhergehen mußte", und daß man durch Übergabe Eigentümer der Sache werde, „die man vorher zu fordern hatte, oder wenn die Übergabe eine solutio ist". Und Johann Adam Seuffert[3], daß die Tradition sich „auf eine Obligation gründen" müsse, in Gemäßheit deren das Eigentum von dem einen auf den anderen übergehen solle, und daß nicht nur ein Vertrag, Kauf, Schenkung, Darlehen, Trödelvertrag und dergleichen, sondern auch „ein Vergehen, Vermächtnis oder eines derjenigen Obligationsverhältnisse vorhergegangen sein könne, welche man zu den variis causarum figuris zählt".

Nicht daß man keine Handgeschäfte gekannt hätte. Die Glosse venditionis zu § 2 I. 2. 7 wirft die Frage auf, ob der Schenker für Eviktion hafte, und ihre Antwort ist: si incipit a traditione non, si a pactione sic. Die incipit a traditione, das ist die Handschenkung, die a pactione das Schenkungsversprechen. Die Glosse dissentiamus zu l. 36 D. 41. 1 findet den Grund der Verschiedenheit zwischen Julian

---

[1] Methodica dialectices ratio ad iurisprudentiam adcommodata, Nürnberg 1535, fol. L II.

[2] Civilistisches Magazin I S. 193 f. (3. Aufl.).

[3] Erörterungen 2 S. 23.

und Ulpian darin, daß Julian ein Schenkungsversprechen im Sinne habe, Ulpian eine Handschenkung, und sagt es mit den Worten: in lege contraria non promiseram sed a datione volebam incipere donationem. Und daß die Forderung schon eine Zeitlang gedauert habe, ehe die Tradition ihr Genüge tue, so lehrte auch Hugo[4], das sei nicht wesentlich: sie könne auch „durch eben die Handlungen entstehen, durch welche sie erfüllt werde, wie z. B. bei einem Geschenk oder bei einem mutuum, die vorher nicht versprochen waren". Sehr mit Unrecht ist noch viele Jahre später „nicht wenigen neueren Schriftstellern", darunter vor allen Hugo gemeint war, von Savigny[5] der Vorwurf gemacht worden, das Vorkommen solcher Geschäfte übersehen zu haben.

Solange es eine Wissenschaft des Römischen Rechts gibt, hat man auch gelehrt, daß durch Erfüllung einer Nichtschuld Eigentum übertragen werde. So wie man die iusta causa auffaßte, schien zwar die l. Nunquam das Gegenteil zu sagen. Die iusta causa, so zu diesen Worten der l. Numquam bemerkt darum die Glosse, könne sein:

> vera vel putativa: alioquin, i. si dicas ex putativa non transferri dominium, totus titulus de condictione indebiti obstaret, qui titulus habet locum quando transfertur dominium alicuius rei ex putativa causa.

Der Widerspruch ist damit ausgeglichen. Aber dafür ist kein Unterschied mehr, ob die Sache als in Erfüllung eines Kaufversprechens übergeben worden ist oder in Erfüllung irgendeines anderen verpflichtenden Geschäfts oder Ungeschäfts. Auch die in Erfüllung eines vermeintlichen Kaufversprechens übergebene Sache muß jetzt Eigentum des Empfängers werden. Daß die causa venditionis unbedingt vera sein muß, das entdeckt zu haben ist das große, fast schon, wie es manchmal scheint, in Vergessenheit geratende Verdienst Karlowas[6].

Solange es eine Wissenschaft des Römischen Rechts gibt, hat man auch gelehrt, daß Eigentum übertragen werde durch Erfüllung eines ungültigen, sogar eines wegen dolus des Empfängers ungültigen Geschäfts.

> L. 7pr. D. 4. 3, Ulpianus lib. 11 ad edictum. Et eleganter Pomponius haec verba „si alia actio non sit" sic excipit, quasi res alio modo ei ad quem ea res pertinet salva esse non poterit. nec videtur huic sententiae adversari, quod Iulianus libro quarto scribit, si minor annis viginti quinque consilio servi circumscriptus

---

[4] Lehrb. d. Pandekten 3. Aufl. § 45 Anm. 1.

[5] Obligationenrecht 2 S. 256.

[6] Röm. Civilproceß zur Zeit der Legisactionen, 1872, S. 43 Anm. 3, Das Rechtsgeschäft und seine Wirkung S. 215, Röm. Rechtsgeschichte 2 S. 418 u. S. 612.

eum vendidit cum peculio emptorque eum manumisit, dandam in manumissum de dolo actionem. *hoc enim sic accipimus carere dolo emptorem, ut ex empto teneri non possit, aut nullam esse venditionem, si in hoc ipso ut venderet circumscriptus est. et quod minor proponitur non inducit in integrum restitutionem.* nam adversus manumissum nulla in integrum restitutio potest locum habere.

Nach einer Vorschrift des Edicts sollte die actio doli nur gegeben werden, wenn keine andere actio zur Verfügung stand. Diese Vorschrift hatte Pomponius so ausgelegt, daß auch kein anderes Rechtsmittel gleichviel welcher Art zur Verfügung stehen dürfe. Und Ulpian stimmt ihm bei. Damit stehe auch nicht im Widerspruch, so fährt er fort, wie Julian den Fall entscheide, wenn ein Minderjähriger sich durch Vorspiegelung falscher Tatsachen von seinem Sklaven habe überreden lassen, ihn mit seinem Peculium zu verkaufen, und versteht sich zu mancipieren, und der Käufer den Sklaven freigelassen habe. Mit Recht gebe Julian dem Minderjährigen gegen den Freigelassenen die actio doli. Denn von einer in integrum restitutio gegen einen Freigelassenen, an die man wegen der Minderjährigkeit des Verkäufers noch denken könnte, könne keine Rede sein.

Also Ulpian. Denn was sich dazwischen schiebt, die Worte *hoc enim sic accipimus* bis *restitutionem*, ist nicht von ihm[7].

Justinian, der so schreibt, geht davon aus, daß der Sklave nicht verkauft und mancipiert, sondern verkauft und übergeben worden ist. Und während nach klassischem Recht der vom Käufer betrogene Verkäufer nur die actio doli hat, gibt Justinian ihm die actio venditi[8]. War der Käufer mit dem Sklaven im Komplott gewesen, war darum auch gegen den Freigelassenen die actio doli ausgeschlossen.

„Wir verstehen das so", sagt Justinian — oder ist es schon ein nachklassischer Bearbeiter? —, „daß der Käufer an der Betrügerei keinen Anteil gehabt, der Verkäufer also nicht die, hier fälschlich actio empti genannte, actio venditi hat. Und daß andernfalls, und wenn ohne die Betrügerei der Minderjährige gar nicht verkauft hätte, der Kauf überhaupt nichtig ist." Und sagt dann unnötigerweise noch einmal, daß von einer in integrum restitutio nicht die Rede sein könne.

Ebenso versteht ihn die Glosse und gründet darauf die bekannte Unterscheidung eines dolus causam dans, der den contractus bonae fidei nichtig mache, und eines dolus incidens, wegen dessen der Betrogene die Kontraktsklage habe. Und so gewiß diese Unterscheidung

---

[7] Ebenso Heldrich, Das Verschulden beim Vertragsabschluß S. 1f. Beseler, Sav.-Z. 45 S. 435.

[8] Heldrich a. a. O. S. 15ff.

dem klassischen Rechte zuwider ist, daß Justinian sie will, darum kommen wir nicht herum.

Aber anstatt nun, wie sich für uns von selbst versteht, wenn der Kauf nichtig ist, den Übergang des Eigentums als verneint zu erkennen, die Freilassung damit als ungültig und die vindicatio in servitutem als gegeben: sieht im Gegenteil die Glosse die actio doli als gegeben an, den Übergang des Eigentums damit als bejaht und die rei vindicatio als versagt. Zu den Worten locum habere bemerkt sie:

> Item nonne rei vindicatio locum habet, cum dolus dedit causam contractui? Respon. non: quia ex inutili contractu transit dominium, ut hic colligitur... Sed nonne utilis in rem datur, ut in metu? Respon. non, quia non daretur de dolo.

Die Glosse ist etwas verworren. Klarer sagt es Bartolus:

> Iuxta legem istam quaeritur, an ex inutili contractu transfertur dominium. Et videtur quod non. l. Numquam nuda infra de acq. dom. In contra videtur casus hic, quia si contractus est inutilis quia dolus dedit ei causam, re tradita agitur de dolo. Si enim competeret rei vindicatio dominio non translato, non haberet locum actio de dolo. Et in hoc residet gl. nostra, et hic tenet quod ex inutili contractu transfertur dominium. Quod est verum, sicut ex qualibet causa putativa.

Wie sie dazu kommen, die actio doli als gegeben anzusehen, sagen die Glosse und Bartolus nicht. Wo kein Kauf, so werden sie gedacht haben, da auch keine actio venditi, und wo keine actio venditi, da bleibe es bei der actio doli.

Und wie kann man das einen Erwerb ex causa putativa nennen, wenn wohl der Geber den gehörigen Glauben hat, der Empfänger aber ein noch schlechteres Gewissen, als der nur weiß, daß er nichts zu fordern hat und darum nicht Eigentümer, sondern als fur behandelt wird. Die Glosse freilich behauptet das Gegenteil und versteht nun die Behandlung als fur nicht. Sed quomodo, so fragt sie zu l. 18 D. 13. 1, cum dominium sit translatum in creditorem et nemo rei suae faciat furtum? Und merito per hanc legem, so klagt Bartolus, totus ille titulus de condictione indebiti videtur destrui.

Mit unserer Auslegung der l. Et eleganter scheinbar im Widerspruch steht die ausdrücklich die rei vindicatio versagende, den betrogenen Käufer auf die actio empti verweisende l. 10 C. 4. 44. Mit der Glosse dürfen wir sie von einem Falle von dolus incidens verstehen.

Daß durch Erfüllung eines ungültigen Geschäfts Eigentum übergehe, liest die Glosse auch aus l. 6 C. 4. 50 heraus. Es handelt sich da um ein Provinzgrundstück, als dessen Käuferin die inzwischen geschiedene Frau des Klägers und jetzt Beklagte in der Kaufurkunde genannt ist, das aber gleichwohl, als mit dem Gelde des Klägers gekauft, dieser als sein Eigentum in Anspruch nimmt. Beide Parteien sind Griechen, und der Kläger hat griechisches Recht im Sinne[9]. Nach römischem Recht, so bescheiden ihn Diocletian und Maximian, komme es allein darauf an, wer von ihnen in Wahrheit, sei es auch im Widerspruch mit der Urkunde, das Grundstück gekauft und übergeben erhalten habe. Die Kaiser gehen die möglichen Fälle durch und entscheiden je nachdem. In Betracht kommt allein der in l. 6 § 3 erörterte Fall.

> Sin vero ab initio negotium uxoris gerens comparasti nomine ipsius, empti actionem nec illi nec tibi adquisisti, dum tibi non vis nec illi potes. quare in dominii quaestione ille potior habetur, cui possessio tradita est.

„Wenn du aber von vornherein als Vertreter deiner Frau aufgetreten bist und in deren Namen gekauft hast, so hast du weder für sie noch für dich eine Klage auf Erfüllung erworben gehabt: für dich nicht, weil du es nicht gewollt, für sie nicht, weil du es nicht gekonnt hast. Wer von euch beiden Eigentümer geworden ist, hängt dann davon ab, wer den Besitz übergeben erhalten hat."

Die Glosse bemerkt dazu:

> Sed qualiter in dominii quaestione erit potior, cum contractus in nullius persona teneat, ut hic, et nuda traditio non transfert dominium... Tu dic, quod ex inutili contractu transit dominium, ut et ff de dolo l. et eleganter in prin.

Aber so berichtigt sie schon Baldus:

> Tu dic, quod hic contractus incipit a traditione: nam facta relatione pretii ad traditionem in ipsa traditione videtur de novo contractum.

Indem die Sache dem einen oder anderen als verkauft übergeben wird, kommt das als Kaufversprechen in fremdem Namen unverbindliche Geschäft als im eigenen Namen des Empfängers vereinbartes und vollendetes Geschäft gültig zustande.

Die Lehre, daß, um Eigentum zu übertragen, die zwei anderen Dinge erforderlich seien, erstens der übereinstimmende Wille, Eigentum zu übertragen und zu erwerben, und zweitens die Übergabe, geht zurück auf eine, nein, ist vielmehr eine Lehre von drei Erfordernissen, erstens dem übereinstimmenden Willen, Eigentum zu übertragen und zu erwerben, zweitens einer iusta causa, drittens der Übergabe. Zuerst aufgestellt worden ist sie von Butrigarius, vorgetragen wird sie, an das Wort animo der l. 3 § 8 D. 12. 4 anknüpfend, von Baldus:

[9] Pringsheim, Der Kauf mit fremdem Geld S. 91 Anm. 2.

Nota quod in translatione dominii requiritur consensus. Item requiritur causa ad dominium transferendum, causa vera vel putativa... et dicit Jacobus Butrigarius quod consensus est causa immediata translationis dominii, titulus vero seu causa est remota, et secundum eum requiritur etiam traditio. Tria ergo requiruntur realiter in translatione dominii, requiritur et quartum quod tradens sit dominus.

Und scharf kehrt Baldus den Unterschied heraus zwischen seiner Lehre und der Lehre der Glosse. Er tut es zu l. 1 C. 7. 27, die also lautet:

Sive fuit dominus, qui tibi loca de quibus supplicasti danavit, sive a non domino bona fide donationem accepisti eaque usucepisti, auferri tibi quod iure quaesitum est non potest.

Dazu die Glosse:

Priori casu iure traditionis, posteriori iure usucapionis.

Dazu jetzt Baldus:

Et nota quod glossa vult hic quod ubi dominium transfertur immediate a domino, traditio sit immediata causa transferendi dominium. Tu dic quod est voluntas domini traditione subnixa, ut ff de condic. ob causam l. 3 § subtilius.

Nicht der Wille Eigentum zu übertragen, sondern die Übergabe die causa proxima des Eigentumsüberganges, und die iusta causa die causa remota, so hatte schon die Glosse nec enim sicut zu l. 3 § 4 D. 41. 2 unterschieden. Um was es ihr dabei zu tun war, mag man bei ihr nachlesen. Der Wille Eigentum zu übertragen zusammen mit der Übergabe die causa immediata und die iusta causa die causa remota, warum Baldus so unterscheidet, darüber läßt er uns nicht im unklaren. Weil man dann verstehe, sagt er, warum das Eigentum auch übergehe ex causa putativa und ex inutili contractu. Denn nun könne man von der iusta causa nicht mehr verlangen, als daß sie geeignet sei, den Willen Eigentum zu übertragen in dem Geber hervorzurufen, und das zu tun geeignet sei sie auch, wenn der Übergebende sie sich nur einbilde. So zu l. 7pr. D. 4. 3:

Item ex hoc nota, quod ex inutili contractu transfertur dominium... et est ratio, quia causa proxima translationis dominii est voluntas tradentis, ut infra de condic. ob causam l. 3 § subtilius, unde sufficit quod causa proxima sit vera, licet remota sit falsa, secundum Jacobum Butrigarium, quod est veritas.

Und zu l. 6 C. 4. 50:

Ultimo quaerit glossa, quare ex inutili contractu transfertur dominium, tamen non oritur obligatio. Respondet glossa, quia obligatio non potest oriri nisi ex legitimo contractu, dominium autem potest transferri ex contractu putativo, nam proprie loquendo non transfertur ex contractu, sed ex consensu propter contractum: ita quod causa immediata, id est consensus in translatione dominii, est sufficiens ad dominium transferendum, non obstat quod causa remota ipsius dominii sit invalida vel nulla.

Und zu l. 5 C. 1. 14:

Dicitur hic quod non valet quod sequitur ex eo quod est prohibitum. Contra dominium sequitur ex contractu, tamen nos habemus quod ex inutili et prohibito contractu transit dominium, ut plane legitur et notavi in l. et eleganter ff de dolo. Ergo falsa est ista regula, prohibito contractu prohibetur quicquid sequitur ex eo. Breviter respondeo, quod dominii translatio non sequitur ex contractu, tamquam ex immediata causa, sed sequitur ex voluntate tradentis, qui vult transferre dominium, quod potest transferre etiam ex causa falsa et putativa, ut ff de condic. ob causam l. tertia § subtilius. Si ergo contractus esset immediata causa dominii... tunc vitiato contractu bene impediretur dominii translatio per regulam huius legis... Sed quando contractus non est immediata causa possessionis, tunc ex contractu nullo tamquam ex causa proxima, immo ex sola traditione transit possessio... Ratio praedictorum haec est, quia sola causa proxima est illa quae principaliter operatur in effectu... quae causa proxima stat per se, et ideo non vitiatur vitiata causa remota.

Und zu l. 19 C. 2. 4:

... quando ratio ordinatur ad impediendam obligationem, et non dominium impediendum, ibi impeditur obligatio, sed non dominium, ut d. l. et eleganter. Ratio, quia non procedunt ab eadem causa. nam obligatio non potest esse sine vero et efficaci contractu, sed dominium potest transferri ex causa putativa: unde non requirit efficaciam praecedentis contractus. Fundatur enim solum in quadam sua immediata causa, scilicet in consensu transferendi dominii, et non in robore contractus, ut ff de condic. ob causam l. 3 § subtilius, secundum Jacobum Butrigarium, et ista est veritas.

Gleich Baldus lehrt auch Donellus[10], daß um Eigentum zu übertragen drei Dinge erfordert werden: erstens der Wille Eigentum zu übertragen, zweitens eine iusta causa und drittens die Übergabe. Er sagt es nur mit sehr viel mehr Worten.

---

[10] Comm. de iure civili lib. 4 cap. 15—17.

Gleich Baldus lehrt auch Donellus, daß der Wille Eigentum zu übertragen zusammen mit der Übergabe die unmittelbare Ursache des Eigentumsüberganges sei und die iusta causa die mittelbare. Er sagt es nicht mit diesen Worten. Die iusta causa, sagt er, werde gefordert, weil ohne einen Grund, ihn dazu zu bewegen, niemand den Willen Eigentum zu übertragen haben würde:

> neque enim umquam quisquam traderet rem suam transferendi causa, nisi aliqua causa eum moveret ut id faceret.

Die Lehre von den drei Erfordernissen, wendet er dann ein, scheine mit § 40 I. 2. 1 in Widerspruch zu stehen, darin nur zwei Dinge erfordert werden, die Übergabe und der Wille, Eigentum zu übertragen.

> Atqui in § 40 Inst. de rerum divis. duo tantum desiderantur ad dominium transferendum, traditio et domini voluntas... quid est igitur quod hic tertium exigimus, nempe iustam causam praecedentem, propter quam traditio sequatur? Et necesse est in his esse aliquid repugnans...

Aber, so fährt er fort, er habe schon gesagt, daß die iusta causa nur gefordert werde, weil ohne eine solche kein Wille Eigentum zu übertragen sein könne. Und sei also die iusta causa nicht ein drittes neben dem Willen Eigentum zu übertragen Erforderliches, sondern sie diene nur dazu, daß man den Willen Eigentum zu übertragen aus ihr erkenne. Der Wille Eigentum zu übertragen und die iusta causa, mit einem Wort, seien eines und dasselbe:

> ... nisi id ipsum esset, quod initio posui, ideo causam requiri quae praecedat traditionem, quia prius voluntatem desideremus ad transferendum, sine causa autem praecedente nulla esse possit voluntas transferendi. Quo fit, ut qui causam praecedentem exigit nihil exigat tertium praeter illa duo, traditionem et voluntatem, sed voluntatem quae requirebatur confirmet et statuat, ostendatque unde illa intelligatur.

Gleich Baldus glaubt auch Donellus auf solche Weise erklären zu können, warum Eigentum übergehe ex causa putativa. Er fährt fort:

> Haec ipsa ratio nos admonet, quod dicitur iustam causam praecedere debere, ex qua traditio sequatur, sic accipiendum esse, ut nihil intersit, utrum praecedat re vera an opinione tradentis. Nam si causa praecedens requiritur solum, ut hinc declaretur voluntas transferentis, dicendum est quocumque alio modo constare poterit voluisse quem rem suam transferre, etiamsi vere causa non subesset, si tradiderit nihilo minus transtulisse. Semper enim manet voluntas, quam ratam haberi oportet. Et si causa ad probationem tantum exigitur, quo alio modo probetur voluntas, ad

rem nihil pertinet... Bene igitur Accursius superiorem definitionem Pauli de praecedente causa exemplo indebiti soluti sic accepit, si causa aliqua praecesserit, vera, inquit, vel putativa.

Und was lehrt Savigny?

Gleich Baldus und Donellus lehrt auch Savigny[11], daß um Eigentum zu übertragen drei Dinge erforderlich seien, erstens der Wille Eigentum zu übertragen, zweitens eine iusta causa, drittens die Übergabe. Er sagt es nicht mit diesen Worten, aber er sagt es. Den Willen Eigentum zu übertragen als erforderlich entnimmt er aus l. 9 § 3 D. 41. 1, § 40 I. 2. 1, und die iusta causa ein Erfordernis nennt er ein über das andere Mal.

Gleich Baldus und Donellus sieht auch Savigny in dem Willen Eigentum zu übertragen, verbunden mit der Übergabe, die unmittelbare Ursache des Eigentumsüberganges und in der iusta causa die mittelbare. Er sagt es, indem er die iusta causa nur dazu dienen läßt, daß man den Willen Eigentum zu übertragen aus ihr erkenne.

Durch diese Lehre das Rätsel gelöst zu haben, warum Eigentum übergeht ex causa putativa, rühmt Savigny sich nicht. Er ist aber immer so verstanden worden.

Durch die Lehre von den drei Erfordernissen erklärt wird gar nichts. Nur die Dinge auf den Kopf stellt sie.

Ohne den Willen Eigentum zu übertragen keine Übertragung des Eigentums. Nur ist der Wille Eigentum zu übertragen nicht ein drittes neben der iusta causa und der Übergabe, sondern in der iusta causa, als der Verbindung eines Willens Eigentum zu übertragen mit einem auf Erlangung eines Gegenwertes gerichteten Willen, enthalten.

Und es gibt ein drittes, noch neben der iusta causa und der Übergabe erforderliches, aber keines besonderen Beweises bedürftiges, sondern durch den Beweis der iusta causa mit zu beweisendes. Nur ist es nicht der Wille Eigentum zu übertragen, sondern der Wille, durch die Übergabe das mit der iusta causa begonnene Geschäft oder Ungeschäft zu vollenden oder zu erfüllen. Niemand wird von dem, der durch Kauf und Übergabe Eigentümer geworden zu sein behauptet, mehr als den Beweis von Kauf und Übergabe erwarten. Mag also der Gegner dartun, daß nicht um den Kauf zu erfüllen übergeben worden, sondern nur bis zur Zahlung des Kaufgeldes die Sache mietweise oder precario überlassen worden sei. Praesumitur tradi causa transferendi dominium, so lehrt schon Bartolus[12], si praecedat causa habilis ad transferendum dominium. Und gar kein Aufhebens von diesem Er-

[11] Obligationenrecht 2 S. 254 ff.

[12] zu l. 1 D. 41. 9.

fordernis machen die Römer. Der Käufer, dem bis zur Zahlung des Kaufgeldes die Sache mietweise oder precario überlassen worden ist, der hat einfach nicht übergeben erhalten[13].

Keiner überwundenen Irrlehre sind mehr Verwünschungen nachgerufen worden als der Lehre vom titulus und modus adquirendi. Und war doch, mit der Lehre von den drei Erfordernissen verglichen, nur eine harmlose kleine Kriegslist. Wie im Märchen das verdächtige Zeichen am Tor des Hauses von kluger Hand an allen Häusern in der Runde nachgeahmt und so der von Räubern drohende Überfall abgewendet wird, so hat man einfach auch jeder anderen Erwerbsart eine iusta causa angehängt, mochte man auch für den Erwerb durch Occupation zum Beispiel als vermeintliche iusta causa nichts Besseres zur Hand haben als den Rechtssatz res nullius cedit occupanti: und das Rätsel, warum zum Erwerbe durch Tradition eine iusta causa gefordert wird und sonst nicht, war aus der Welt.

V. Erwerb des Besitzes

Die selben Geschäfte, Kauf, Tausch, Schenkung usw., die den Erwerber zum Eigentümer machen, es aber nur dann tun, wenn der Veräußerer Eigentümer ist und die Sache eine res nec mancipi, sind auch wenn es an einem dieser Erfordernisse fehlt nicht ohne Wirkung. Diese selben Geschäfte, Kauf, Tausch, Schenkung usw., machen den Erwerber, wenn nicht zum Eigentümer, dann doch zum Besitzer. So viele Eigentumserwerbsarten, so viele Arten Besitz zu erwerben und danach benannte Arten des Besitzes.

> L. 3 § 21 D. 41. 2, Paulus lib. 54 ad edictum. Genera possessionum tot sunt, quot et causae adquirendi eius quod nostrum non sit: velut pro emptore, pro donato, pro legato, pro dote, pro herede, pro noxae dedito, pro suo...

Und des so erworbenen Besitzes ist der Erwerber gegen seinen Veräußerer so sicher, als wäre er Eigentümer geworden. Also daß er die Sache immer behalten, der Veräußerer sie ihm nie wieder abfordern darf: der Veräußerer und Nichteigentümer schon darum nicht, weil er keine Vindication hat, der Eigentümer und Veräußerer darum nicht, weil gegen dessen Vindication der Erwerber die bekannte exceptio hat, deren Musterformel so lautet:

> si non A. Agerius fundum de quo agitur N. Negidio vendidit et tradidit.

---

[13] l. 17 D. 18. 6.

Nur gegen den Eigentümer, der nicht sein Veräußerer ist, ist der Erwerber wehrlos: der Eigentümer hätte ihm denn Zeit gelassen, durch Ersitzung Eigentümer zu werden.

Auch wenn er den Besitz verloren hat, ist für den Erwerber gesorgt. Er hat dann gegen jeden Besitzer, nur gegen den Eigentümer der nicht sein Veräußerer ist nicht, die bekannte actio Publiciana, deren Musterformel so lautet:

> Si quem hominem A. Agerius emit et is ei traditus est anno possedisset, tum si eum hominem de quo agitur ex iure Quiritium eius esse oporteret usw.

Und das Edict dazu vermutlich so:

> Si quis id quod emit et ei traditum est et nondum usucaptum amissa possessione petet, iudicium dabo[1].

Wirkung des Geschäfts als solchen ist doch nur die es aus sich selber hat, ohne die mitwirkenden Umstände, die dem Erwerber die actio Publiciana verschaffen. Das ist auch, wenn der Erwerber Eigentümer wird, nicht anders. Wirkung des Geschäfts als solchen ist auch dann nur die es ohne die begleitenden Umstände hat, die dem Erwerber das Eigentum verschaffen. Wirkung des Geschäfts als solchen ist immer nur, daß der Erwerber Besitzer wird und daß er des so erworbenen Besitzes gegen seinen Veräußerer für immer sicher ist, der Veräußerer ihm die Sache nie wieder abfordern kann.

Es steht aber nichts im Wege heute, rein auf Grund des Geschäfts dem Erwerber dennoch Eigentum zuzuschreiben: nur nicht im römischen Sinne, sondern indem wir hinzufügen, „im Verhältnis zu seinem Veräußer".

„Aller Erwerb des Besitzes", so lehrt Savigny[2], „beruht auf einem körperlichen Handeln (corpus oder Factum), von einem bestimmten Wollen begleitet. Das Factum muß den, welcher den Besitz erwerben soll, in eine Lage versetzen, daß Er, und Er allein, nach Willkür die Sache behandeln, d. h. Eigentum ausüben könne." Und: „Da nämlich

---

[1] Diese meine, in Band 42 der Savigny-Zeitschrift und zugleich Festgabe für Otto Lenel, S. 469ff., von mir dargebrachte Wiederherstellung des in l. 1 pr. D. 6. 2 verfälscht überlieferten Publicianischen Edicts ist in der seitdem erschienenen 3. Auflage von Otto Lenels Edictum perpetuum, S. 170 Anm. 3, da wo man es erwarten könnte, nicht mit genannt. Auch der Index Interpolationum weiß davon nichts.

Zu der ebenda S. 472ff. in einem zweiten Beitrage von mir behandelten Stelle des Horaz, serm. 2. 1. 86, habe ich einen Irrtum zu berichtigen. Solventur risu tabulae, das heißt nicht „unter Lachen" werde die versiegelte Urkunde eröffnet werden, sondern ein solches Gelächter werde sich erheben, daß durch die Erschütterung die Siegel von selber aufspringen.

[2] Das Recht des Besitzes, 7. Aufl., S. 205 u. S. 44.

der Besitz sein Factum ist, so ist seine Existenz von allen den Regeln unabhängig, welche das Civilrecht oder auch das ius gentium über den Erwerb und den Verlust von Rechten aufgestellt haben. So kann durch Gewalt der Besitz erworben werden, obgleich Gewalt durchaus keine juristische Handlung ist: ebenso wird durch die Nichtigkeit eines Rechtsgeschäfts, z. B. durch die fehlende Insinuation einer großen Schenkung, der Übergang des Besitzes durchaus nicht gehindert. So ist ferner nach diesem ursprünglichen Begriff des Besitzes eine eigentliche Übertragung desselben nicht möglich, d. h. kein Besitzer als solcher ist als Successor des vorigen Besitzers zu betrachten, sondern er erwirbt einen ganz neuen Besitz für sich, unabhängig von dem vorigen."

Als müßte jeder Besitz gleichsam erobert und gegen eine Welt von Feinden in Verteidigungszustand versetzt werden, der des Käufers so gut wie der des Räubers.

Die Wahrheit ist, daß nach römischer Lehre die Übergabe der verkauften, vertauschten, verschenkten oder sonst veräußerten Sache in ebenso lästiger wie überflüssiger Weise erschwert ist, die, wenn man sie für sich betrachtet und nicht in dem gehörigen Zusammenhange, es wohl so scheinen läßt, wie Savigny lehrt. Sagen wir zuerst, wie es unserer Meinung nach sein könnte und sollte, und sehen wir dann, wie es nach römischer Lehre ist.

Wer eine Sache kauft von einem, der in unbestrittenem Besitze ist, der hat es nicht mit einer Welt von Feinden zu tun, sondern allein mit dem Verkäufer. Wenn er mit dem einig ist, daß die Sache ihm verkauft und zugleich übergeben sein solle, die Sache auch in dem Zustande ist, daß seinem Besitze nichts im Wege steht, das gekaufte Grundstück zum Beispiel offen daliegt, unbebaut und unbenutzt, so ist eben damit der Käufer in eine solche Lage versetzt, „daß Er, und Er allein, nach Willkür die Sache behandeln" kann, so hat eben damit der Käufer nicht nur die „physische", sondern auch die rechtliche „Möglichkeit, auf die Sache unmittelbar einzuwirken und jede fremde Wirkung auszuschließen", und sollte er eben darum ohne weiteres als Besitzer anerkannt werden. Die Vereinbarung, daß das Grundstück verkauft und zugleich übergeben sein solle, besagt eben, daß das Geschäft sogleich vollendet sein und wirksam werden, der Besitz sogleich übergehen solle.

Wenn das Grundstück nicht in diesem Zustande ist, sondern erst in einen solchen versetzt werden, erst geräumt werden muß, und die Wirksamkeit des Geschäftes um deswillen hinausgeschoben werden, und wenn dann, nachdem das nötige geschehen ist, der Verkäufer dem Käufer erklärt, er übergebe ihm, so sollte ebenso ohne weiteres der Besitz auf den Käufer übergehen. Die Erklärung „ich übergebe" ist das dem Verkäufer in die Hand gegebene Mittel, das Geschäft zu vollenden und in Wirksamkeit zu setzen.

Bewegliche Sachen pflegen von ihrem Besitzer nicht so gehalten zu werden, daß sie durch bloße Einigung, oder wenn die Vollendung des Geschäfts aus irgendeinem Grunde hinausgeschoben worden ist, durch bloße Erklärung übergeben werden können. Ausgeschlossen ist es nicht, aber die Regel ist doch, daß etwas mit ihnen geschehen, ihre Übergabe irgendwie eine tätliche sein muß. Nicht gerade von Hand zu Hand, aber doch so, daß der Erwerber mit Willen des Veräußerers in die Lage kommt, die Sache nach Willkür behandeln zu können. Ist das aber geschehen, ist zum Beispiel die gekaufte Sache dem Käufer ins Haus gebracht worden, so sollte das genügen.

So denkt, wenn wir es recht verstehen, das ältere deutsche Recht[3]. Nicht so das römische.

Die Römer, immer auf einen Anhalt bedacht und zur Not mit einem Strohhalm zufrieden, halten sich an das Wort possidere. Das Wort ist aus potis und sedere zusammengesetzt, und potis bedeutet mächtig. Eine Sache besitzen, so mochten darum die Römer denken, sei eine aus eigener Kraft, leiblich und sichtbarlich, an der Sache vorgenommene Tätigkeit. Um eine Sache zu besitzen, genüge es darum nicht, nur die Erlaubnis dazu des bisherigen Besitzers zu haben: man müsse von dieser Erlaubnis auch Gebrauch gemacht und tätlich zu besitzen angefangen haben. Nicht gerade buchstäblich, indem man sich auf die Sache setze, aber indem man auf ihr, an ihr, mit ihr etwas tue, leiblich und sichtbarlich, was wie eine erste Besitzhandlung aussehe. Der Käufer eines Grundstücks zum Beispiel, dem der Verkäufer erklärt habe, daß er ihm das Grundstück übergebe, und ihm damit erlaubt habe, mit dem Grundstücke zu tun und zu lassen, was ihm beliebe, der sei damit noch nicht Besitzer. Erst müsse er sich auf das Grundstück begeben haben, nicht um nur einen Spaziergang zu machen, sondern mit dem Willen, eine erste Besitzhandlung vorzunehmen, sei es auch nur, indem er sich dort als der neue Besitzer sehen lasse. Dann erst sei er es. Das ist der Sinn der berühmten:

> L. 3 § 1 D. 41. 2, Paulus lib. 54 ad edictum. Et apiscimur possessionem corpore et animo, neque per se animo aut per se corpore. quod *autem diximus et corpore et animo adquirere nos debere possessionem* non utique ita accipiendum est ut qui fundum possidere velit omnes glebas circumambulet, sed sufficit quamlibet partem eius fundi introire, dum mente et cogitatione hac sit, uti totum fundum usque ad terminum velit possidere.

---

[3] Heusler, Institutionen des deutschen Rechts 2 S. 33.

Das Zwischenstück *autem* bis *possessionem* ist entbehrlich und wohl Paraphrase.

Daß das Grundstück verkauft, vertauscht, verschenkt oder sonst veräußert und für übergeben erklärt sein müsse, sagt Paulus nicht. Es versteht sich ebenso von selber, wie daß, um ohne Erlaubnis des bisherigen Besitzers dessen Nachfolger im Besitze zu werden, eine bloße Scheinhandlung nicht genügen kann und ein böserer Wille dazu gehört. Paulus in seinem 54. Buche handelt von Besitz und Ersitzung und meint nur den Besitz, der zur Ersitzung führen kann. Auch gibt es noch andere Stellen, die darüber keinen Zweifel lassen.

L. 48 D. 41. 2, Papinianus lib. 10 responsorum. Praedia cum servis donavit eorumque se tradidisse possessionem literis declaravit. si vel unus ex servis, qui simul cum praediis donatus est, ad eum qui donum accepit pervenit, mox in praedium remissus est, per servum praediorum possessionem quaesitam ceterorumque servorum constabit.

Grundstücke sind geschenkt und für übergeben erklärt worden. Der Beschenkte ist dann nicht selber hingegangen, sich dort sehen zu lassen, sondern er hat einen Sklaven geschickt, damit dieser in seinem, des neuen Besitzers Namen dort auftrete. Das Besondere dabei ist, daß er einen der mit dem Grundstück geschenkten, eben erst in seinen Besitz gelangten Sklaven geschickt hat.

Höflicher ist es schon, wenn der Verkäufer den Käufer nicht allein gehen läßt, sondern mit ihm geht, ihn in den Besitz des Grundstücks einzuführen. Er kann dann noch einmal die Grenzen mit ihm abgehen und ihn auf dieses und jenes aufmerksam machen. Er kann es auch durch einen Beauftragten tun lassen.

L. 33 D. 41. 2, Pomponius lib. 32 ad Sabinum. Fundi venditor etiamsi mandaverit alicui, ut emptorem in vacuam possessionem induceret, priusquam id fieret non recte emptor per se in possessionem veniert.

Und wer schon im Besitze eines Grundstücks ist und ein angrenzendes hinzukauft, der mag mit dem Verkäufer auf seines Daches Zinnen steigen und an diesem weithin sichtbaren, den neu zu erwerbenden Besitz mitbeherrschenden Orte sich die Übergabe erklären lassen.

L. 18 § 2 D. 41. 2, Celsus lib. 23 disputationum ... si vicinum mihi fundum mercato venditor in mea turre demonstret vacuamque se possessionem tradere dicat, non minus possidere coepi quam si pedem finibus intulissem.

Daß die verkaufte bewegliche Sache von Hand zu Hand übergeben werde, verlangen auch die Römer nicht. Geschieht es aber, so ist kein

Zweifel, daß damit allen Anforderungen genügt ist. Indem der Käufer die ihm überreichte Sache ergreift, nimmt er eine erste Besitzhandlung vor.

Es genügt, wenn der Verkäufer die Sache dahin legt oder stellt, wo der Käufer sie haben will. Es muß nur vor den Augen des Käufers geschehen, der, indem er es so geschehen läßt, seine erste Besitzhandlung vornimmt.

L. 18 § 2 D. 41. 2, Celsus lib. 23 digestorum. Si venditorem quod emerim deponere in mea domo iusserim, possidere me certum est, quamquam id nemo dum attigerit...

Ort der Handlung im Hause des Käufers und eine Situation wie in dem bekannten Gemälde, wenn der Alte die Vase wählt und dem Händler sagt, stelle sie hin. Wäre die Vase außer dem Hause gekauft worden und der Käufer hätte dem Verkäufer gesagt, er solle sie ihm ins Haus bringen, Celsus hätte nicht deponere in mea domo geschrieben, sondern in domum meam inferre.

L. 79 D. 46. 3, Iavolenus lib. 10 epistolarum. Pecuniam quam mihi debes aut aliam rem, si in conspectu meo ponere te iubeam, efficitur ut et tu statim libereris et mea esse incipiat...

Der weggelassene zweite Satz mit der ebenso wortreichen wie überflüssigen Begründung ist unecht.

Ebenso, wenn die Sache mit Willen des Käufers einem Dritten übergeben wird. Es genügt nur, wenn es in Gegenwart des Käufers geschieht.

L. 1 § 21 D. 41. 2, Paulus lib. 54 ad edictum. Si iusserim venditorem procuratori rem tradere, cum ea in praesentia sit, videri mihi traditam Priscus ait. idemque esse si nummos debitorem iusserim alii dare...

Dem Procurator kann auch in Abwesenheit des Herrn mit Wirkung für diesen übergeben werden. Geschieht es aber in Gegenwart des Herrn und auf dessen Geheiß, so ist es der Herr selber, der damit eine erste Besitzhandlung vornimmt, und gilt die Übergabe als an ihn selber geschehen.

L. 31 § 1 D. 39. 5 (= Vat. fr. 254), Papinianus lib. 12 responsorum. Species extra dotem a matre filiae nomine viro traditas filiac quae praesens fuit donatas et ab ea viro traditas videri...

Nur weil es in Gegenwart der Tochter geschieht, können die in ihrem Namen von der Mutter dem Manne übergebenen Sachen als an die Tochter selber und damit auch von der Tochter selber übergeben gelten, die, indem sie es so geschehen läßt, selber die erste Besitzhandlung vornimmt.

Von Sachen, die im Freien lagern, einem jeden zugänglich, handelt die schon genannte l. 1 § 21 D. 41. 2, indem sie also fortfährt:

> ... non est enim corpore et tactu necesse adprehendere possessionem sed etiam oculis et adfectu. argumento esse eas res, quae propter magnitudinem ponderis moveri non possunt, ut columnas. nam pro traditis eas haberi, si in re praesenti consenserint.

Das Stück ist schwerlich echt[4], die Entscheidung doch wohl im Sinne der Klassiker. Die bloße Erklärung genügt, weil sie in Gegenwart der Sache entgegengenommen und schon damit eine erste Besitzhandlung vorgenommen wird.

Von eben solchen Sachen handelt:

> L. 15 § 1 D. 18. 6, Paulus lib. 3 epitomatorum Alfeni. Materia empta, si furto perisset postquam tradita esset, emptoris esse periculo respondit, si minus venditoris. videri autem trabes traditas quas emptor signasset.

Ist die Übergabe nicht in Gegenwart der Sachen erklärt worden, muß der Käufer auf andere Weise für eine erste Besitzhandlung Sorge tragen. Als solche gilt es, wenn er das gekaufte Bauholz zeichnet.

Eine andere Frage ist es, ob der Käufer sich auf eine bloße Erklärung einlassen wird, der Gefahr des Diebstahls wegen, die er damit auf sich nimmt. Bei schwer beweglichen Sachen, wie den eben genannten, kann man es wagen: nicht so in folgendem Falle.

> L. 51 D. 41. 2, Iavolenus lib. 5 ex posterioribus Labeonis. Quarundam rerum animo possessionem apisci nos ait Labeo: veluti si acervum lignorum emero et eum venditor tollere me iusserit, simul atque custodiam posuissem, *traditus mihi videtur. idem iuris esse vino vendito, cum universae amphorae vini simul essent.* sed videamus, inquit, ne haec ipsa corporis *traditio* sit, quia nihil interest utrum mihi an et cuilibet iusserim custodia tradatur. in eo puto hanc quaestionem consistere, an etiamsi corpore acervus *aut amphorae* adprehens*ae* non *sunt* nihilo minus tradit*ae* vide*an*tur. nihil video interesse, utrum ipse acervum an mandato meo aliquis custodiat: utrubique animi quodam genere possessio erit aestimanda.

Ein Haufen Brennholz, wenn er längere Zeit offen da liegt, ist in Gefahr, immer kleiner zu werden. Der Verkäufer im vorliegenden Falle hat dem Käufer auch gar nicht zugemutet, diese Gefahr auf sich zu nehmen. Er hat ihm den Haufen nicht einfach für übergeben erklärt, sondern ihm nur erlaubt, ihn wegzuschaffen. Der Käufer hat

---

[4] Fritz Schulz, Einführung in das Studium der Digesten S. 69.

es vorgezogen, einen Wächter zu bestellen und hat schon damit seine erste Besitzhandlung vorgenommen.

Das selbe soll gelten, wenn ein offen daliegendes Weinlager verkauft und in der selben Weise damit verfahren worden ist. Der Fall sieht etwas unwahrscheinlich aus. Die Fälschung verrät sich, indem sie nicht durchgeführt wird. Wie zu acervus hinzugesetzt worden ist *aut amphorae*, so mußte zu acervum hinzugesetzt werden aut amphoras. Die Kompilatoren lieben solche Einschaltungen.

Labeo ist der Meinung, daß der so erworbene Besitz nicht leiblich, corpore, sondern durch bloßen animus erworben sei: wohl weil er es zu genau mit den Worten nimmt und einen Besitzerwerb corpore nur anerkennt, wenn die Sache körperlich berührt worden ist.

Labeo — oder ist es ein Dritter, den Javolen genannt hatte, den Tribonian uns vorenthält[5]? — hat aber doch Bedenken: ne haec ipsa corporis sit, ob eben dieser Besitz, von dem soeben die Rede gewesen, nicht doch corpore erworben sei, maßen es keinen Unterschied machen könne, ob der Haufen dem Käufer selber zur Bewachung übergeben worden sei oder einem anderen für ihn. „Eben dieser Besitz", sage ich, nicht wie Javolen zu sagen scheint „eben diese Übergabe". Das Wort *traditio* ist Glosse und wohl von der selben Hand, von der das entbehrliche *traditus mihi videtur* ist. Nicht darum handelt es sich doch, ob der Verkäufer corpore übergeben, sondern ob der Käufer corpore empfangen hat. Und corporis possessio verhält sich zu corpore possidere, wie z. B. sacramenti actio zu sacramento agere[6].

Mit den Worten in eo puto nimmt schließlich Javolen selber das Wort. Seiner Meinung nach, so sagt er, handele es sich darum, ob der Haufen, auch ohne körperlich berührt worden zu sein, als übergeben angesehen werden könne. Wer auch immer die Bewachung übernommen habe, der Käufer selber oder jemand für ihn, im einen wie im anderen Falle animi quodam genere possessio erit aestimanda. Man hat das immer mißverstanden und statt animi mit Cujacius schon lesen wollen corporis. Aber animi possessio verhält sich zu animo possidere wie corporis possessio zu corpore possidere. Im einen wie im anderen Falle, so will Javolen sagen, könne der so wie geschehen erworbene Besitz in gewissem Sinne (quodam genere) als animo erworben angesehen werden. Wenn man sich nämlich, so meint er, auf den Standpunkt stelle, daß corpore erworben nur sei, was corpore berührt worden sei. Daß er selber auf diesem Standpunkt stehe, sagt Javolen nicht. Der Käufer, der den Wächter angestellt hat, und es ohne Zweifel an Ort und Stelle getan hat, denn Labeo sagt simulatque custodiam

---

5 Riccobono, Sav.-Z. 34 S. 205f.

6 Gaius 4.13.

posuissem, nicht aliquem ad custodiendum misissem, hat eben damit seine erste Besitzhandlung vorgenommen. Dabei wird Javolen sich beruhigt haben.

Güter, die in einem verschlossenen Packhause lagern, können durch bloße Erklärung übergeben werden, wenn zugleich der Schlüssel übergeben wird und so die Güter dem Käufer zugänglich gemacht werden. Aber wieder nur, wenn es an Ort und Stelle geschieht. Der Käufer, wenn er dann mit dem Schlüssel in der Hand dasteht, hat sichtlich eine erste Besitzhandlung vorgenommen.

> L. 74 D. 18. 1, Papinianus lib. 1 definitionum. Clavibus traditis ita mercium in horreis conditarum possessio tradita videtur, si claves apud horrea tradita sint. quo facto confestim emptor dominium et possessionem adipiscitur, etsi non aperuerit horrea. quod si venditoris merces non fuerunt, usucapio confestim inchoabitur.

Justinian freilich hat nicht weniger als noch vier Stellen aufgenommen, in denen von verkauften Waren und übergebenen Schlüsseln die Rede ist, aber nicht davon, daß die Schlüssel an Ort und Stelle übergeben werden müßten[7].

Justinian hat auch die fast gänzlich unechte l. 9 § 3 D. 23. 3 aufgenommen, in der die Frage aufgeworfen wird, wie es mit den Sachen der Ehefrau sei, die sie bei Eingehung der Ehe in das Haus einbringt: ob sie Eigentum des Mannes werden. Die Frage wird verneint. Aber nur, weil es nicht die Absicht sei, den Mann zum Eigentümer zu machen, nicht weil sie ihm damit noch nicht übergeben seien. Daß der Mann bei der Einbringung zugegen sein und so seine erste Besitzhandlung vornehmen müßte, um Besitzer und Eigentümer zu werden, davon ist nicht die Rede.

So sehen wir Justinian auf dem Wege, das Erfordernis der ersten Besitzhandlung fallen zu lassen.

VI. Usucapio pro emptore und usucapio pro soluto

Der selbe Unterschied auch, wie für die Eigentumsübertragung so für die Ersitzung, ob die Sache als käuflich versprochen übergeben worden ist oder als aus irgendeinem anderen Grunde geschuldet. Die als käuflich versprochen übergebene Sache ist zu ersitzen nur, wenn sie wirklich verkauft ist, die als aus irgendeinem anderen Grunde geschuldet übergebene Sache auch dann, wenn sie nur für geschuldet gehalten wird. Schon in dem Namen drückt es sich aus: die Ersitzung

---

[7] § 45 I. 2. 1, l. 9 § 6 D. 41. 1, l. 1 § 21 i. fi. D. 41. 2, l. 2 C. 4. 48.

der als käuflich versprochen übergebenen Sache eine usucapio pro emptore, die Ersitzung der als aus irgendeinem anderen Grunde geschuldet übergebenen Sache nicht je nachdem eine usucapio pro stipulato, pro legato, pro fideicommisso usw., sondern allemal eine usucapio pro soluto.

L. 48 D. 41. 3, Paulus lib. 2 manualium. Si existimans debere tibi tradam, ita demum usucapio sequitur si et tu putes debitum esse. aliud si putem me ex causa venditi teneri et ideo tradam: hic enim nisi emptio praecedat *pro emptore* usucapio locum non habet. *diversitatis causa in illo est, quod in ceteris causis solutionis tempus inspicitur neque interest, cum stipulor, sciam alienum esse nec ne: sufficit enim me putare tuum esse cum solvis. in emptione autem et contractus tempus inspicitur et quo solvitur, nec potest pro emptore usucapere qui non emit, nec pro soluto sicut in ceteris contractibus.*

L. 2 pr. D. 41. 4, Paulus lib. 54 ad edictum. Pro emptore possidet, qui re vera emit. nec sufficit tantum in ea opinione esse eum ut putet se pro emptore possidere, sed debet etiam subesse causa emptionis. si tamen existimans me debere tibi ignoranti tradam, usucapies. *quare ergo et si putem me vendidisse et tradam non capies usu? scilicet quia in ceteris contractibus sufficit traditionis tempus, sic denique si sciens stipuler rem alienam, usucapiam si cum traditur mihi existimem illius esse: at in emptione et illud tempus inspicitur quo contrahitur. igitur et bona fide emisse debet et possessionem bona fide adeptus esse.*

Wieviel von beiden Stellen echt ist und wieviel nicht, darüber läßt sich streiten. Sicher echt von beiden nur der Anfang, der von l. 48 bis esse, der von l. 2 pr. bis emit. Unecht in l. 48, wenn nicht schon von aliud an, so doch von *diversitatis causa* an alles, und davor noch *pro emptore;* in l. 2 pr., wenn nicht schon von nec sufficit an, so doch von *quare* an alles.

Nur ein nachklassischer Bearbeiter konnte die Dinge so auf den Kopf stellen. Nicht weil der Käufer schon zur Zeit des Kaufversprechens in gutem Glauben sein muß, wird verlangt, daß das Kaufversprechen wirklich vorhergegangen ist, sondern umgekehrt, weil mit dem Kaufversprechen das Übereignungsgeschäft beginnt, muß schon zur Zeit des Kaufversprechens der Käufer in gutem Glauben sein.

Nur in besonderen Fällen ist es nach klassischem Rechte anders, muß der Käufer auch zur Zeit der Übergabe in gutem Glauben sein. Daß es allgemein anders ist, der Käufer allgemein sowohl zur Zeit des Kaufversprechens als auch der Übergabe in gutem Glauben sein muß, hat erst Justinian hineingebracht, in l. 48 durch die Worte *et* und *et quo solvitur,* in l. 2 pr. durch das *et* vor *illud.* Auch andere Stellen, die es so wollen, wollen es nur dank Justinian.

> L. 10 pr. D. 41. 3, Ulpianus lib. 16 ad edictum. Si aliena res *bona fide* empta est, quaeritur ut usucapio currat utrum emptionis initium ut bonam fidem habeat exigimus, an traditionis. et obtinuit Sabini et Cassii sententia *traditionis* initium spectantium.

Mit der Frage gemeint ist ohne allen Zweifel, „ob nur" zur Zeit des Kaufversprechens, „oder auch" der Übergabe, und mit der Antwort, daß „auch" der Übergabe. So versteht es schon die Glosse, wenn sie zu emptionis initium die Bemerkung macht, scilicet tantum, und zu an traditionis, subaudi etiam, und zu *traditionis* initium spectantium, hoc est dicere requiritur quod quis habeat bonam fidem tempore emptionis et traditionis. Geschrieben steht aber „ob" zur Zeit des Kaufversprechens „oder" der Übergabe, das eine oder das andere. Hinaus darum mit den Worten *bona fide,* und nicht nur die Frage ist in Ordnung, sondern auch, auf welche Antwort Ulpian hinaus will, liegt am Tage. Hinaus darum auch mit dem zweiten *traditionis* und emptionis dafür eingesetzt.

> L. 7 § 17 D. 6, 2, Ulpianus lib. 16 ad edictum. Iulianus libro septimo digestorum scripsit *traditionem rei emptae oportere bona fide fieri, ideoque* si sciens alienam possessionem adprehendit Publiciana eum experiri non posse, quia usucapere non poterit. *nec quisquam putet hoc nos existimare sufficere initio traditionis ignorasse rem alienam, uti quis possit Publiciana experiri, sed oportere et tunc bona fide emptorem esse.*

Daß mit den Worten *traditionem rei emptae oportere bona fide fieri* etwas nicht in Ordnung ist, hat schon die Glosse gesehen: ex parte emptoris, so bemerkt sie dazu. Non traditionem, so hätte sie noch besser gesagt, immo adprehensionem: wie es auch sogleich in der Stelle heißt, si sciens alienam possessionem adprehendit. Auch das *ideoque* muß hinaus. Es versteht sich auch, daß Julian das adprehendit nicht so ohne Subjekt gelassen hat, wie es jetzt dasteht. Der von Julian gegebene und von Ulpian wiedergegebene Tatbestand wird von Tribonian gestrichen worden und von der Art gewesen sein, daß aus besonderen Gründen schon nach klassischem Recht der gute Glaube auch zur Zeit des Besitzerwerbes gefordert werden mußte.

Daß von *nec quisquam putet* an alles unecht ist, hat schon Beseler[1] gesehen.

Eine Stelle findet sich, in der das klassische Recht unverfälscht erhalten geblieben ist.

---

[1] Beitr. 3 S. 197.

L. 7 § 4 D. 41. 4, Iulianus lib. 14 digestorum. Qui bona fide alienum fundum emit et possessionem eius amisit, deinde eo tempore adprehendisset quo scit rem alienam esse, non capiet *longo tempore, quia initium secundae possessionis vitio non carebit,* nec similis est ei, qui emptionis quidem tempore putat fundum vendentis esse, sed cum traditur scit alienum esse. cum enim semel amissa fuerit possessio, initium rursus reciperatae possessionis spectari debet...

Statt *longo tempore* hat Julian usu geschrieben, und *quia initium secundae possessionis vitio non carebit* ist Glosse.

Der Käufer, der schon im Besitze gewesen sei und im Begriffe, das Grundstück zu ersitzen, den Besitz aber wieder verloren habe und dann wiedergewonnen zu einer Zeit, da er nicht mehr in gutem Glauben war, der allerdings, sagt Julian, könne nicht aufs neue zu besitzen anfangen und sei nicht mit dem zu vergleichen, der zur Zeit des Kaufversprechens in gutem Glauben gewesen sei, zu der Übergabe aber nicht mehr. Wieso nicht mit dem zu vergleichen? Doch wohl, weil es dann bei der Regel bleibt, daß der gute Glaube zur Zeit des Kaufversprechens genügt. Daß die Basiliken 50. 4. 6 so tun, als stände das Gegenteil geschrieben, nicht nec similis, sondern nec dissimilis, beweist nichts dagegen. Die Basiliken haben nur nachgeholt, was Justinian zu tun übersehen hat.

VII. Usucapio pro suo

So viele Eigentumserwerbsarten, so viele Arten Besitz zu erwerben und danach benannte Arten des Besitzes. Wirklich einen besonderen Namen haben doch nur die wichtigsten, der Rest fällt unter den Sammelnamen possessio pro suo:

sicut in his quae terra marique vel ex hostibus capimus, vel quae ipsi ut in rerum natura essent fecimus.

So Paulus in l. 3 § 21 D. 41. 2. Und an anderer Stelle noch einmal:

L. 2 D. 41. 10, Paulus lib. 54 ad edictum. *Est species possessionis quae vocatur pro suo.* hoc enim modo possidemus omnia quae mari terra coelo capimus, aut quae alluvione fluminum nostra fiunt. item quae ex rebus *alieno nomine* possessis nata possidemus, veluti partum hereditariae aut emptae ancillae pro nostro possidemus. similiter fructus rei emptae aut donatae aut quae in hereditate inventa est.

Der erste Satz scheint Gestrichenes zu ersetzen. Paulus hätte doch wohl genus possessionis geschrieben, wie in l. 3 § 21 D. 41. 2. Und statt des sinnlosen *alieno nomine* wird a nobis zu lesen, aus gewesenem

A NB irgendwann einmal A NE geworden sein. Mag sein auch, daß das Ganze, obwohl dem Inhalte nach nicht unklassisch, von einem nachklassischen Bearbeiter ist.

Der Name possessio pro suo ist so, daß er allen diesen Besitzarten gemeinsam sein könnte, auch den besonders benannten. Aber so ist es nicht. Hat eine Besitzart einen besonderen Namen, hat sie auch nur diesen: einer schließt den anderen aus. Es wäre denn, daß zu dem schon vorhandenen Erwerbsgrunde und damit erworbenen besonderen Namen noch ein zweiter Erwerbsgrund und besonderer Name hinzukäme.

> L. 3 § 4 D. 41. 2, Paulus lib. 54 ad edictum. Ex *plurimis* causis possidere eandem rem possumus, ut quidam putant et eum qui usuceperit et pro emptore et pro suo possidere. sic enim et si ei qui pro emptore possidebat heres sim, eandem rem et pro emptore et pro herede possideo.

Ob Paulus ex *plurimis* geschrieben hat, möchte man bezweifeln. Zu vermuten ist ex pluribus.

Der Käufer als solcher besitzt pro emptore. Erst wenn er die nicht sogleich sein Eigentum gewordene Sache ersessen haben wird, si usuceperit, besitzt er daneben auch pro suo. So hat auch, wenn er beerbt wird, der Käufer selber bis dahin pro emptore besessen, sein Erbe besitzt daneben pro herede. Pernice[1], der mit Mommsen usucaperet lesen möchte, statt usuceperit, und dieses usucaperet so versteht, als ob der Käufer schon wenn er pro emptore zu besitzen beginnt, zugleich auch pro suo besäße, läßt sich mit Mommsen durch die, wie wir sehen werden, interpolierte l. 1 § 1 D. 41. 10 irre führen.

Oder es läge folgender Fall vor.

> Vat. fr. 260, Papinianus lib. 12 responsorum. Filius emancipatus, cui pater peculium non ademit, res quidem pro donato vel pro suo, quod iustam causam possidendi habet usucepit, sed. . .

Pro donato ist der neue, pro suo der daneben beibehaltene alte Name. Erst seit Papinian wird die Überlassung des Peculiums an den Emanzipierten als Schenkung angesehen[2].

So nach der Lehre der Klassiker. Anders nach Justinian.

Pro suo im Sinne Justinians besitzt jeder, der einen Eigentumserwerbsgrund für sich hat, einerlei ob seine Art zu besitzen bei den Klassikern einen besondern Namen gehabt hat oder nicht. Hat sie einen gehabt, hat sie ihn daneben noch jetzt. So nach der offenbar gänzlich unechten:

---

[1] Labeo II 1 S. 393 Anm. f.

[2] Pernice a. a. O. S. 396.

L. 1 pr. D. 41. 10, Ulpianus lib. 15 ad edictum. *Pro suo possessio talis est. cum dominium nobis adquiri putamus, et ex ea causa possidemus ex qua adquiritur, et praeterea pro suo. ut puta ex causa emptionis et pro emptore et pro suo possideo, item donata vel legata vel pro donato vel pro legato etiam pro suo possideo.*

So auch nach dem offenbar interpolierten § 1 daselbst:

Sed si res mihi ex causa iusta, puta emptionis, tradita sit et usucapiam, incipio quidem *et ante usucapionem* pro meo possidere, sed an desinam ex causa emptionis post usucapionem, dubitatur. et Mauricianus dicitur existimasse non desinere.

Daß der Käufer in dem Augenblicke, da er die Ersitzung pro emptore vollendet, das ist der Sinn von si usucapiam, schon vor vollendeter Ersitzung pro suo zu besitzen anfange, und so denn doch von Anfang an auf beiderlei Art besessen habe, das zu sagen ist nur Justinian im Stande. Wir streichen *et ante usucapionem,* und Ulpian sagt, was in der richtig verstandenen l. 3 § 4 D. 41. 2 Paulus sagt.

Pro suo im Sinne Justinians besitzt auch wer ohne einen Eigentumserwerbsgrund für sich zu haben auf Grund eines solches zu besitzen glaubt. Davon alsbald.

Justinianisch ist auch die nur einmal, in l. 13 pr. D. 41. 3. vorkommende possessio pro alieno.

Siehe zu dem allen das Scholion τὸ πλάτος des Stephanus zu Bas. 29. 1. 36 (= l. 67 D. 23. 3)[3].

Pro suo im Sinne der Klassiker besessen wird namentlich auch was für eine künftige Ehe als Dos gegeben worden ist. Erst muß die Ehe zustande gekommen und das Gegebene Dos geworden sein, dann erst besitzt der Mann es pro dote[4].

Als für eine zukünftige Ehe gegeben wird auch das für eine ungültige Ehe, die noch gültig werden kann, als Dos Gegebene behandelt.

L. 67 D. 23. 3, Proculus lib. 7 epistularum. Proculus Nepoti suo salutem. Ancilla quae nupsit dotisque nomine pecuniam viro tradidit, sive sciat se ancillam esse sive ignoret, non poterit eam pecuniam viri facere, eaque nihilo minus mansit eius cuius fuerat antequam eo nomine viro traderetur, *nisi forte usucapta est.* nec postea quam apud eundem virum libera facta est, eius pecuniae causam mutare potuit. *itaque nec facto quidem divortio aut dotis iure aut per condictionem repetere recte potest,* sed is cuius pecunia est recte vindicat eam. quod si vir eam pecuniam pro suo possidendo usucepit, scilicet quia existimavit mulierem liberam

---

[3] Heimbach 3 S. 403.

[4] l. 1 §§ 2, 3 D. 41. 9, Vat. fr. 111.

esse, propius est ut existimem eum lucrifecisse, *utique si antequam matrimonium esse inciperet usucepit.* et in eadem opinione sum, si quid ex ea pecunia paravit *antequam ea dos fieret,* ita ut nec possideat eam nec dolo fecerit quo minus eam possideret.

Die Stelle ist von jeher mißverstanden worden, zuletzt und am gründlichsten von Mitteis[5].

Eine Sklavin, die sich als Freie ausgegeben und einen Freien geheiratet, auch Geld als Dos in die Ehe eingebracht hat. Eins so ungültig wie das andere, und Eigentümer des Geldes darum immer noch der, dessen es bis dahin gewesen ist, vermutlich der Herr der Sklavin.

Solange der Mann noch nicht durch Ersitzung Eigentümer geworden ist, versteht sich. Die Worte *nisi forte usucapta est* sind nicht echt[6], aber nur, weil es jetzt schon zu sagen voreilig ist.

Nun hat die Sklavin es aber auch fertig gebracht, daß ihr Herr sie freigelassen hat, ihre Ehe also gültig geworden ist. An der Rechtslage wegen des Geldes hätte das nur dann etwas geändert, wenn der Herr ihr auch ihr Peculium geschenkt hätte, aber davon verlautet nichts. Sie wird es verstanden haben, ihm ihre Ersparnisse zu verheimlichen. Kein Zweifel darum, wenn der Herr nun doch hinter ihre Schliche kommt, daß er das Geld immer noch vindicieren kann.

Kein Zweifel auch, solange es dabei bleibt, daß, wenn die Ehe geschieden wird, die Frau keine Aussicht hat, das von ihr Eingebrachte zurückzubekommen, mit der actio uxoriae nicht, und auch nicht mit einer condictio. Was uns aber nicht hindert, die Worte *itaque nec facto quidem divortio aut dotis iure aut per condictionem repetere potest* als unecht zu streichen. Denn was geht das den ehemaligen Herrn an, der als der Geschädigte allein hinter der von Proculus beantworteten Anfrage steht?

Anders erst, wenn der Mann das Geld ersessen hat. Dann, sagt Proculus, propius est ut existimem eum, nämlich den Mann, lucrifecisse.

Diese Worte sind es, die man von jeher mißverstanden hat, als ob auch der Frau damit, für den Fall die Ehe geschieden werden sollte, jeder Anspruch gegen ihren Mann abgesprochen werde. Und nicht genug damit, sollen wir mit Mitteis auch noch unsere Freude daran haben und das Ganze als „eine sehr schön ersonnene und gelöste Schachaufgabe" bewundern: ob auch die Beteiligten „über die Schönheit derselben ähnlich gedacht haben mögen, wie die bekannten Vierfüßler über die wissenschaftlichen Genüsse der Vivisection".

Das Gegenteil ist richtig. Nicht um einen schön ersonnenen, sondern um einen wirklichen Rechtsfall handelt es sich, über den Proculus

---

5 Sav.-Z. 22 S. 125ff.

6 Pernice, Labeo II. 1 S. 398f.

sein Gutachten abgibt. Und zu gefühlvollen Betrachtungen über die Schönheit der Lösung ist gar kein, aber auch gar kein Anlaß. Sobald der Mann das Geld ersessen hat, ist für die nicht mehr unfreie Frau alles, wie man sagt, in Butter. Das Geld ist Dos geworden, und der actio rei uxoriae ist sie sicher. Proculus schweigt davon, weil es den ehemaligen Herrn nichts angeht. Du hast deine Vindication verloren und von dem Manne nichts mehr zu fordern, das ist alles, was er ihm zu sagen hat, und mit den Worten propius est ut existimem eum lucrifecisse sagt.

Denn auch an eine condictio des ehemaligen Herrn gegen den Mann ist nicht mehr zu denken. Gehabt hätte er eine solche wohl, nachdem der Mann das Geld ersessen hatte, aber nur solange die Frau noch seine Sklavin war und er dem Verhältnisse ein Ende machen konnte. Eine condictio aus der Person der Sklavin, versteht sich, die selbe die sie als Freigeborene hätte, wenn aus der Ehe, für die sie die Dos bestellt hätte, nichts geworden wäre[7].

Weg darum auch mit den Worten *utique si antequam matrimonium esse inciperet usucepit,* die der nachklassische Bearbeiter eingeschoben hat, der auch schon das lucrifecisse mißverstanden hat: in der guten Absicht, die vermeintliche Härte der Entscheidung, was die Frau betrifft, zu mildern, aber ohne zu bedenken, was er dem Herrn der Sklavin, solange er es noch war, damit antat. Er nahm ihm die condictio.

Der selbe Erfolg zu gunsten der Frau und zu ungunsten des ehemaligen Herrn, wenn der Mann das Geld zu Anschaffungen verwendet hat: aber nur, wenn er es in gutem Glauben getan hat, andernfalls er die actio ad exibendum auf sich zieht.

Die Worte *antequam ea dos fieret* hat wieder der nachklassische Bearbeiter eingeschoben, in derselben guten Absicht und mit demselben üblen Erfolge.

Beide Einschübe als solche erkannt hat auch schon Mitteis. Aber nur weil die Schönheit der Lösung, so wie er sie versteht, ihm darunter zu leiden scheint.

Pro suo im Sinne Justinians besitzt auch, wer nur gekauft, geschenkt bekommen, als Dos empfangen, sonstwie rechtmäßig erworben zu haben glaubt. Er kann auch, was er nach klassischem Recht nicht konnte, ersitzen. Nur eben nicht pro emptore, pro donato, pro dote usw., sondern allemal pro suo.

Auch die als käuflich versprochen übergebene, in Wahrheit nicht versprochene Sache kann jetzt ersessen werden. Der Unterschied, den es nach klassischem Recht gemacht hatte, ob die Sache als käuflich

[7] l. 59 § 2 D. 23. 3, l. 8 D. 12. 4.

versprochen übergeben worden war, oder als aus irgendeinem andern Grunde geschuldet, ist, was die Ersitzung angeht, damit aus der Welt. Und l. 48 D. 41. 3 und l. 2 pr. D. 41. 4 haben nun nicht mehr den Sinn, daß wer nur gekauft zu haben glaubt, überhaupt nicht ersitzen, sondern daß er nur nicht pro emptore ersitzen kann. In l. 48 D. 41. 3 das sonst überflüssige *pro emptore* ist nur um das zu sagen eingeschoben.

Es kommt freilich auch vor, und das recht oft, wenn der Klassiker die usucapio pro emptore verneint hat weil nicht gekauft sei, daß Justinian sie trotzdem bejaht, und so denn tatsächlich dasselbe Ziel erreicht, wie wenn er die usucapio pro suo an die Stelle gesetzt hätte. Aber im Widerspruch mit sich selber.

Es folgen nun die Stellen.

> L. 5 D. 41. 10, Neratius lib. 5 membranarum. Usucapio rerum, *etiam ex aliis causis concessa, interim propter ea quae nostra esse existimantes possideremus* [QUAE NON A DOMINO NOBIS TRADITAE FUERINT] constituta est, ut aliquis litium finis esset. § 1 Sed id, quod quis cum suum esse existimaret possederit, [NON] usucapiet, *etiam* si falsa fuerit eius existimatio. *quod tamen ita interpretandum est, ut probabilis error possidentis usucapioni non obstet; veluti si ob id aliquid possideam, quod servum meum aut eius cuius in locum hereditario iure successi, emisse id falso existimem, quia in alieni facti ignorantia probabilis error est.*

Die Worte *etiam ex aliis causis* sind als auf die vorhergehenden Digestentitel Bezug nehmend schon von Cujacius[8] gestrichen, die Worte *concessa interim* ihnen schon von Bonfante[9] als nicht weniger unecht zugesellt worden. Aber auch das Stück *propter ea quae nostra esse existimantes possideremus* muß unecht sein, schon wegen des fehlerhaften *possideremus*. Was vom ersten Satze übrigbleibt, erinnert an Gaius 2. 43, 44 und lädt dazu ein, von dort die Worte QUAE NON A DOMINO NOBIS TRADITAE FUERINT zu entlehnen und sie nach rerum einzuschieben.

Auch der Anfang des § 1 mit dem häßlichen Dreiklang existimaret possederit usucapiet ist eines Klassikers nicht würdig. Wir schieben vor usucapiet ein NON ein[10], streichen das *etiam* und mit Alibrandi[11] und Pernice[12] den ganzen zweiten Satz, und die Übereinstimmung mit der Lehre der Klassiker ist hergestellt.

Justinian will sagen, daß nicht nur pro emptore, pro donato, pro dote usw. ersessen werden könne, wie nach den vorhergehenden Di-

---

[8] Venedig und Modena 1758ff. I S. 998.

[9] Le singole iustae causae usucapionis S. 82f.

[10] Ebenso Beseler, Sav.-Z. 45, S. 229.

[11] Opere 1. S. 313.

[12] Labeo II 1 S. 396, Anm. 5, S. 503.

gestentiteln 41. 4 bis 41. 9, sondern auch pro suo, so wie er diese Art zu ersitzen versteht. Der Name wird nicht genannt, steht aber in der Überschrift des Titels.

> L. 11 D. 41. 4, Africanus lib. 7 quaestionem. Quod volgo traditum est, eum qui existimat se quid emisse nec emerit non posse pro emptore usucapere, *hactenus* verum esse ait, *si nullam iustam causam eius erroris emptor habeat. nam si forte servus vel procurator, cui emendam rem mandasset, persuaserit ei se emisse atque ita tradiderit, magis esse ut usucapio sequatur.*

Julian, wenn das seine Meinung gewesen wäre, hätte sie wohl nicht nur seinem Schüler Africanus anvertraut, und die Compilatoren hätten dann nicht nötig gehabt, Aussprüche anderer Juristen zu interpolieren. Das *hactenus* wird unecht sein, und von *si nullam* an alles. Das damit unrichtig gewordene pro emptore hätte durch pro suo ersetzt werden müssen.

> L. 2 § 6 D. 41. 4, Paulus lib. 54 ad edictum. Cum Stichum emissem Dama per ignorantiam mihi pro eo traditus est. Priscus ait usu me eum non capturum, quia id quod emptum non sit pro emptore usucapi non potest. sed si fundus emptus sit et ampliores fines possessi sint, *totum longo tempore capi, quoniam universitas eius possideatur, non singulae partes.*

Was in dem zweiten Falle der Käufer des Grundstückes über dessen Grenzen hinaus in Besitz genommen hat, kann er nach klassischem Recht ebensowenig ersitzen, wie in dem ersten Falle der Käufer des Sklaven Stichus den ihm statt dessen übergebenen Sklaven Dama. Er hat es nicht gekauft.

Dem widerspricht auch nicht das sed. Der Käufer des Sklaven Stichus kann gar nichts ersitzen, der Käufer des Grundstücks nur was er zuviel in Besitz genommen hat nicht.

Justinian bejaht die Ersitzung pro emptore des Grundstückes in dem Umfange, wie der Käufer es in Besitz gehabt hat, mit der tautologischen Begründung, daß er es in diesem Umfange in Besitz gehabt habe, Gekauftes und nicht Gekauftes.

> L. 2 § 15 D. 41. 4, Paulus lib. 54 ad edictum. Si a pupillo emero sine tutoris auctoritate, quem puberem esse putem, *dicimus usucapionem sequi,* ut hic plus sit in re quam in existimatione. *quod si scias pupillum esse, putes tamen pupillis licere res suas sine tutoris auctoritate administrare, non capies usu, quia iuris error nulli prodest.*

Der Kauf von einem Pupillen ohne Mitwirkung des Vormundes ist kein Kauf, und ohne Kauf keine usucapio pro emptore. Justinian, der sich in dem *dicimus* verrät[13], läßt sie dennoch zu. Ganz aus der Luft gegriffen ist ein solcher Kauf ja nicht, nur ungültig. Er hätte doch eine usucapio pro suo daraus machen müssen.

Die Worte ut hic plus sit in re quam in existimatione gehören nicht dahin, können aber doch echt sein. Sie können sich auf den umgekehrten Fall bezogen haben, wenn der Verkäufer kein Pupill, aber von dem Käufer dafür gehalten worden ist, und sind nur aus Unachtsamkeit nicht mit gestrichen worden. Ganz unecht ist der letzte Satz mit dem Wechsel des Subjekts[14].

> L. 13 § 2 D. 6. 2, Gaius lib. 7 ad edictum provinciale. Qui a *pupillo* emit probare debet tutore auctore *lege non prohibente* se emisse. sed et si deceptus falso tutore emerat bona fide emisse videtur.

Gaius hatte qui a muliere rem mancipi emit geschrieben, wie Paulus Vat. fr. 1, und hatte auch im zweiten Satz eine mulier gemeint. Justinian hat aus der mulier einen pupillus gemacht und die res mancipi gestrichen, und auch die Worte *lege non prohibente* eingeschoben[15], um dem durch den falschen Vormund getäuschten Käufer die actio Publiciana geben zu können. Er hat ihn damit als possessor pro emptore anerkannt, trotz Ungültigkeit des Kaufes.

> L. 2 § 16 D. 41. 4, Paulus lib. 54 ad edictum. Si a furioso quem putem sanae mentis emero, *constitit* usucapere utilitatis causa me posse, quamvis nulla esset emptio. *et ideo neque de evictione actio nascitur mihi nec Publiciana competit, nec accessio possessionis.*

Daß Paulus so geschrieben habe, ist ausgeschlossen. Aber das berechtigt noch nicht, von *constitit* an alles zu streichen[16]. Nur *et ideo* und was folgt wird Glosse sein. Sehen wir uns weiter um.

> L. 13 § 1 D. 41. 3, Paulus lib. 5 ad edictum. Eum qui a furioso bona fide emit usucapere posse responsum est.

Etwas Wahres scheint also doch daran zu sein. Sehen wir noch weiter.

> L. 7 § 2 D. 6. 2, Ulpianus lib. 16 ad edictum. Marcellus libro septimo decimo digestorum scribit eum, qui a furioso ignorans eum furere emit, posse usucapere. ergo et Publicianam habebit.

Da haben wir es. Marcellus, dieser eine und in diesem einen Falle, hat auch schon auf Grund eines ungültigen Kaufes ersitzen lassen,

---

[13] Ebenso Beseler, Sav.-Z. 44, S. 380, 45 S. 227.

[14] Ebenso Beseler a. a. O.

[15] Rudorff, Vormundschaft 2 S. 387.

[16] Beseler, Sav.-Z. 44 S. 380, 45 S. 228, 479.

versteht sich pro emptore. Beseler[17] möchte zwar vor posse ein non setzen und statt des et ein sed. Aber da sind noch die Sinai-Scholien 16. 43:

... εὑρήσεις δὲ τοῦτο ἐν τῷ ε' κεφαλαίῳ ὡς μετὰ ρ' ἔτη ἀπὸ τοῦ τέλους· nam et ... co qui a furioso, ὅτι ὁ παρὰ μαινομένου ἀγοράσας δύναται usucapere.

In der Lücke nach et könnte der abgekürzte Name des Marcellus gestanden haben, und nachher das sinnlose co ein eo gewesen, und dieses eo ein verschriebenes oder verhörtes oder auch von dem Diktierenden schon so ausgesprochenes eum sein. Wie auch statt μαινομένου die Handschrift wohl deshalb μενομένου hat[18], weil der Diktierende es so ausgesprochen hat.

Statt des *constitit* in l. 2 § 16 D. 41. wird Paulus Marcellus scribit oder so ähnlich geschrieben haben, und auch in l. 13 § 1 D. 41. 3 wird er Marcellus genannt haben.

L. 4 § 2 D. 41. 10, Pomponius lib. 32 ad Sabinum. Quod legatum non sit, ab herede tamen perperam traditum sit, *placet a legatario usucapi quia pro suo possidet.*

Pomponius hatte ein nicht bestehendes Vindicationslegat gemeint und die usucapio pro legato verneint. Justinian, der von *placet* an redet, erlaubt jedes ungültige Legat pro suo zu ersitzen.

L. 4 D. 41. 8, Paulus lib. 54 ad edictum. Pro legato potest usucapi, si res aliena legata sit, *aut testatoris quidem sit sed adempta codicillis ignoratur. in horum enim persona subest iusta causa, quae sufficit ad usucapionem. idem potest dici et si in nomine erit dubitatio, veluti si Titio legatum sit, cum sint duo Titii, ut alter eorum de se cogitatum existimaverit.*

Ist von *aut si* an das Werk eines nachklassischen Bearbeiters[19], dem auch schon ein nicht bestehendes Vindicationslegat genügt, um pro legato ersitzen zu lassen. Justinian hätte eine usucapio pro suo daraus machen müssen.

L. 9 D. 41. 8, Hermogenianus lib. 5 iuris epitomarum. Pro legato usucapit cui recte legatum relictum est. sed et si non iure legatum relinquatur, *vel legatum ademptum est,* pro legato usucapi post magnas varietates optinuit.

Mit Beseler[20] schon von sed et si an alles zu streichen geht zu weit. Unter einem non iure hinterlassenen Legate ist nicht irgendein nicht bestehendes Legat gemeint: so versteht es erst Justinian. Gemeint ist ein in einem prätorischen Testamente hinterlassenes, nach civilem

[17] Beseler, Sav.-Z. 45 S. 227.
[18] Paul Krüger, Sav.-Z. 4 S. 23.
[19] Beseler, Sav.-Z. 45 S. 229.
[20] a. a. O. S. 228.

Rechte ungültiges Legat[21]. Und post magnas varietates optinuit, das Beseler als Justinianische Redeweise bemängelt, ist auch durch l. 32 D. 44. 7 als hermogenianisch bezeugt. Nur *vel legatum ademptum est* ist nicht echt.

Daß man noch in klassischer Zeit, wenn auch spät und nach vielem Hin und Her, das in einem prätorischen Testamente hinterlassene Legat als zur usucapio pro legato genügend anerkannt hat, ist wohl begreiflich. Gleich der Ersitzung der verkauften und nur übergebenen res mancipi dient diese Ersitzung dazu, eine prätorische Eigentumserwerbsart zur civilrechtlichen zu erheben.

L. 3 D. 41. 10 hat uns schon vorgelegen. Pomponius hatte die Ersitzung des ex causa indebiti soluti übergebenen Sklaven verneint. Justinian bejaht die Ersitzung und muß nun unterscheiden, ob der Empfänger in gutem Glauben gewesen ist oder nicht. Merkwürdig nur, daß diese Ersitzung nicht als usucapio pro soluto auf die doch vorhandene causa indebiti soluti gegründet wird, sondern als usucapio pro suo auf die nicht vorhergegangene, von den Beteiligten nur vorhergegangen geglaubte causa stipulationis. Wir wissen warum. Weil nach l. 7 § 3 D. 10. 3 die causa indebiti soluti, wenn eine nicht vertretbare Sache geleistet worden ist, keine iusta causa dominii adquirendi mehr ist. In l. 48 D. 41. 3 die Worte *nec pro soluto sicut in ceteris contractibus,* die aus demselben Grunde hätten gestrichen oder eingeschränkt werden müssen, sind es wohl nur aus Unachtsamkeit nicht.

> L. 27 D. 41. 3, Ulpianus lib. 31 ad Sabinum. Celsus libro trigensimo quarto errare eos ait qui existimarent, cuius rei quisque bona fide adeptus sit possessionem, *pro suo* usucapere eum posse, nihil referre emerit nec ne, donatum sit nec ne, si modo emptum vel donatum sibi existimaverit, *quia neque pro legato neque pro donato neque pro dote usucapio valeat, si nulla donatio, nulla dos, nullum legatum sit* ...

Die Worte *pro suo* hat schon Mommsen als unecht erkannt, und Pernice[22] stimmt ihm bei. „Denn Celsus führt aus: auf den bloßen Glauben hin könne man nicht ersitzen; denn wie der pro emptore ersitzen könne, der nicht gekauft hat. Diese Schlußfolgerung wäre vollkommen verkehrt, wenn es den titulus pro suo gegeben hätte." So weit so gut. Mommsen und Pernice wollen auch die Worte usucapere eum posse streichen, weil sie jede vernünftige Construction des Satzes verhindern. Daß die Construction gut lateinisch ist, dafür Cicero de legibus 2. 3. 19: qui secus faxit deus ipse vindex esto. Unecht, weil stilistisch mangelhaft, ist aber wohl von *quia* an alles.

---

[21] Fitting, Archiv f. d. civ. Praxis 52 S. 40 Anm. 142.
[22] Labeo II 1 S. 398.

Warum Justinian diese Stelle aufgenommen hat, in der Celsus ihm selber widerspricht, ist nicht klar. Als den, den Celsus bei dem Vorwurfe des Irrtums besonders im Auge habe, hat man wegen l. 11 D. 41. 4 Julian vermutet. Gewiß mit Unrecht. Nicht auf den Höhen der klassischen Jurisprudenz werden wir die Sünder zu suchen haben, sondern in ihren Niederungen, bei den schon von Cicero wegen ihrer Unwissenheit verspotteten Anwälten und andern Beiständen der Parteien.

VIII. Causa iudicati

Nur wenige Worte sind es, die letzten Worte der l. 3 § 1 D. 6.2, aber genug, um an ihnen ein Licht anzuzünden und das eine und andere Dunkel zu erhellen:

Item si res ex causa iudicati sit tradita.

Gemeint ist der Fall, wenn der im Eigentumsstreit unterlegene Beklagte, um der Verurteilung in Geld zu entgehen, die Sache freiwillig herausgegeben hat. Und der Sinn ist, daß der siegreiche Kläger, wenn er den Besitz der Sache aufs neue verliert, die actio Publiciana haben soll. Versteht sich, wenn er zu Unrecht obgesiegt hat. Denn war er im Recht, so hat er als Eigentümer selbstverständlich die rei vindicatio.

Daß es sich in l. 3 § 1 um das Urteil im Eigentumsstreit handelt, ist nicht unbestritten. Nur wenn das dem Beklagten selber zustehende Eigentum durch das ungerechte Urteil auf den Kläger überginge, so meint man, würde die in Wahrheit einem dritten gehörende Sache von dem zu Unrecht siegreichen Kläger auf Grund des Urteils ersessen werden und der Kläger vor vollendeter Ersitzung die actio Publiciana haben können. Da aber wegen l. 8 § 4 D. 8. 5 von einem Übergang des Eigentums nicht die Rede sein kann, so oft auch unter Berufung namentlich auf l. 3 § 3 D. 27. 9 das Gegenteil behauptet worden ist[1], so hat man geglaubt l. 3 § 1 auf das Urteil über actio in personam, wenn der zur Herausgabe der geschuldeten Sache verurteilte Schuldner dem Urteil Folge geleistet hat, beziehen zu müssen.

Die so denken übersehen, daß wegen des Grundsatzes der condemnatio pecuniaria nach klassischem Recht nur Geld in die Lage kommen kann, als auf Grund eines Urteils geschuldet und gezahlt ersessen zu werden. Auch ist das keine Ersitzung ex causa iudicati, sondern pro soluto. Und warum muß denn das Urteil im Eigentumsstreit, wenn es Eigentumserwerbsgrund nicht sein kann, auch untauglich als Ersitzungstitel sein? Erwirbt doch auch, wer eine res manicipi gekauft und übergeben erhalten hat, dadurch kein Eigentum. Steht das aber der Möglichkeit zu ersitzen im Wege? Ist die Folge nicht vielmehr,

[1] Zuletzt von Beseler, Beiträge zur Kritik 2 S. 149f., 3 S. 171ff.

daß der Erwerber in beiden Fällen ersitzen kann: nicht nur, wenn er vom Nichteigentümer, sondern auch wenn er vom Eigentümer selber gekauft und übergeben erhalten hat?

Warum das Urteil im Eigentumsprozeß den Kläger nicht zum Eigentümer macht, das ist die Frage.

Weil das Urteil nicht gegen Dritte wirke, hat man gesagt. Aber nicht um Wirksamkeit des Urteils gegen Dritte handelt es sich, sondern nur um den Erwerb durch Urteil eines gegen Dritte wirksamen Rechts. Ja, wenn durch das Urteil wie dem Beklagten so auch jedem Dritten das Eigentum abgesprochen, und der zu Unrecht siegreiche Kläger auch dann ohne weiteres Eigentümer würde, wenn ein Dritter der wahre Eigentümer ist! Warum aber das Urteil des Richters weniger vermögend sein sollte, Eigentum zu verschaffen, als der Wille der Parteien, das ist schwer einzusehen. Hat es diese Kraft doch als Adjudication im Teilungsprozeß[2]. Ja, hat es sie doch auch als Urteil im Eigentumsstreit, wenn dieser nicht mit Formel verhandelt wird, sondern lege.

Beweis vor allem die von Paul Krüger[3] durch eine geistvolle Konjektur dem richtigen Verständnis erschlossene l. 29 § 1 D. 40. 7.

Der Sklave Andronicus war im Testamente seines Herrn gegen ein an den Erben zu zahlendes Lösegeld für frei erklärt worden. Der Herr war gestorben und auch der Erbe war ihm bald mit Tode nachgefolgt. Der in dessen Testament berufene Erbe hatte sich in den Besitz des Nachlasses gesetzt, und die von dem gesetzlichen Erben gegen ihn angestrengte Erbschaftsklage war abgewiesen worden. Andronicus, der schon vorher an den Testamentserben gezahlt hatte und Grund haben mochte, an der Richtigkeit des Urteils zu zweifeln, hatte sich deshalb an Q. Mucius mit der Frage gewandt, ob er durch diese Zahlung wirklich frei geworden sei, oder ob das zu gunsten des Testamentserben ergangene Urteil für ihn etwa nicht gelte. Das Urteil, war die Antwort, gelte auch für ihn. Nur wenn es zu ungunsten des Testamentserben ausgefallen wäre, dann allerdings, hatte Q. Mucius hinzugesetzt, würde Andronicus durch die Zahlung an ihn nicht frei geworden sein. Mit welchem Zusatz aber Labeo nur für den Fall einverstanden war, wenn der Testamentserbe mit Recht unterlegen wäre. Wäre er es dagegen mit Unrecht, so würde Andronicus auch in diesem Falle die Bedingung seiner Freilassung erfüllt haben. Und das sei um so richtiger, bemerkt Pomponius: quoniam lex duodecim tabularum emptionis verbo omnem alienationem complexa videretur: non interesse, quo genere quisque dominus eius fieret et ideo hunc quoque ea lege contineri secundum quem sententia dicta est, et liberum futurum eum qui ei dedisset pecuniam. Pomponius bezieht sich damit auf den von Ulpian 2. 4 über-

2 Ulp. epit. 19. 16.
3 Sav.-Z. 24 193ff.

lieferten Zwölftafelsatz, wonach der unter der Bedingung eines an den Erben zu zahlenden Lösegeldes Freigelassene, auch wenn der Erbe ihn verkaufte, durch Zahlung an den neuen Eigentümer frei werden sollte. Dasselbe müsse auch von jeder andern Veräußerung, namentlich auch von der durch ungerechtes Urteil gelten, sagt Pomponius.

Also das ungerechte Urteil im Erbschaftsstreit eine Art Veräußerung. Damit ist anerkannt, daß das ungerechte Urteil den Kläger an Stelle des Beklagten zum Erben und Eigentümer macht. Und die Folgerung läßt sich nicht abweisen, daß auch das ungerechte Urteil im Eigentumsstreit dem Beklagten das Eigentum nehmen und es auf den Kläger übertragen muß. Beides steht im Widerspruch mit l. 8 § 4 D. 8. 5. Der Widerspruch verschwindet, wenn wir bedenken, daß es sich um einen Rechtsfall aus der Zeit des Q. Mucius handelt, und daß noch Cicero die hereditatis petitio nur als legis actio zu kennen scheint. L. 29 § 1 hat nicht wie l. 8 § 4 das Urteil im Formularverfahren, sondern das Urteil im Legisactionenverfahren im Auge[4].

Aber auch die Umstoßung des lieblosen Testaments durch das Urteil der Centumvirn, so daß der siegreiche Noterbe an Stelle des Testamentserben Erbe und Eigentümer wird[5], ist nur ein Anwendungsfall der nicht deklarativen, sondern konstitutiven Wirkung des im Legisactionenverfahren ergehenden ungerechten, in diesem Falle einer höheren Gerechtigkeit zuliebe bewußt ungerechten Urteils.

Auch der Eigentumserwerb durch in iure cessio kann als Beweis für die Kraft des Urteils im Legisactionenverfahren dienen.

Zwischen der in rem actio des Formularverfahrens und der in rem actio des Legisactionenverfahrens besteht noch ein anderer, nicht weniger merkwürdiger Gegensatz. Im Formularverfahren bedarf es, um die wiederholte in rem actio abzuwehren, anders als bei actiones in personam, einer exceptio rei iudicatae vel in iudicium deductae; im Legisactionenverfahren ist die Wiederholung der actio in rem wie der actio in personam ipso iure ausgeschlossen[6].

Noch merkwürdiger freilich ist es, wie man diese mit unzweideutigen Worten von Gaius berichtete ipso-iure-Consumtion des Legisactionenverfahrens in ihr Gegenteil zu verkehren und so den Gegensatz zwischen Legisactionenverfahren und Formularverfahren aus dem Wege zu räumen gewußt hat.

Die Formel der rei vindicatio, so wie sie im Edikt geschrieben stand, fragt ob Aulus Agerius Eigentümer sei: welche Frage der Judex, so oft sie ihm zu Gesichte kam, gar nicht anders als immer wieder bejahen konnte. Versteht sich, solange Aulus Agerius Eigentümer blieb.

---

[4] Wlassak, Römische Prozeßgesetze 1 S. 112 Anm. 17.

[5] l. 15 § 2 D. 5. 2.

[6] Gaius 4. 107, 108.

Bei actiones in personam hatte man derselben Gefahr dadurch begegnen können, daß man dem prozeßrechtlichen Satze bis de eadem re ne sit actio die materiellrechtliche Fassung gab: durch die einmalige Litiscontestation gehe die eingeklagte Forderung wie durch Novation unter. Daher der Judex hier gar nicht anders konnte, als die wiederholte Klage abweisen. Bei actiones in rem verbot sich eine solche Übersetzung aus der Sprache des Prozesses in die des materiellen Rechts. Ob eine Novation des Eigentums dergestalt, daß auch der mit Recht siegreiche Kläger an Stelle seines alten Eigentums durch das Urteil ein neues bekäme, wirklich so schlechthin zu verwerfen wäre, wie Keller[7] meint, mag hier dahingestellt bleiben. So wie wir uns eine solche Novation in ihrer Anwendung auf den römischen Eigentumsprozeß zu denken hätten: das alte Eigentum schon mit der Litiscontestation erlöschend, das neue erst mit dem Urteil an seine Stelle tretend, die Sache inzwischen schutzlos allen Angriffen preisgegeben, wäre sie es allerdings. Und ganz schlimm wäre es, das Eigentum ohne Novation einfach untergehen zu lassen. So war die exceptio in der Tat das einzige Mittel.

Ebenso, meint man, liege die Sache aber auch im Legisactionenverfahren. Nur daß in Ermanglung von Exceptionen der Prätor selber Hand anlegen und die wiederholte Klage schon in iure zurückweisen mußte. Womit denn die von Gaius bezeugte ipso-iure-Consumtion, wie gesagt, in ihr Gegenteil verkehrt ist.

Nun ist aber bei der legis actio in rem, wie schon Bekker[8] richtig erkannt hat, nicht wie im Formularverfahren das Eigentum selber unmittelbarer Gegenstand der Untersuchung und Entscheidung, sondern das quando tu iniuria vindicavisti. Gewiß heißt quando nicht „darüber ob", sondern „weil". Ebenso gewiß ist aber, daß mit quando tu iniuria vindicavisti nicht, wie Paul Krüger[9] meint, nur die Veranlassung, sondern zugleich auch der Gegenstand der Wette angegeben ist. Wo wäre er es denn sonst? „Weil" der Gegner mit Unrecht vindiciert hat, wird er „darüber, ob" er mit Unrecht vindiciert hat, zur Wette herausgefordert. Und da nun der Kläger, der dem Satze bis de eadem re ne sit actio zuwider aufs neue vindiciert hat, zweifellos mit Unrecht vindiziert hat, so war hier das Spruchgericht in der Tat von sich aus in der Lage, die Klage abzuweisen. Nur wenn ein siegreicher Kläger den Besitz der Sache aufs neue an denselben Beklagten verloren hatte, mußte von dem Satze bis de eadem re ne sit actio selbstverständlich eine Ausnahme gemacht werden. Wer dafür einen besseren Beweis verlangt, als den Hinweis auf die im Formularverfahren vermittelst

---

[7] Litiscontestation und Urteil S. 117 ff.

[8] Prozessualische Consumption S. 282.

[9] Prozessualische Consumption S. 34 Anm. 1.

einer replicatio rei secundum petitorem iudicatae gemachte Ausnahme, der verlangt zuviel.

Daß zwischen der in rem actio des Legisactionenverfahrens und der in rem actio des Formularverfahrens der von Gaius bezeugte Gegensatz besteht, läßt sich also nicht abstreiten.

Fragt sich nur noch, ob im Formularverfahren die Sache nicht doch umgekehrt liegt: nicht die zur Wiederholung der Klage einladende Fassung der Formel die Notwendigkeit der exceptio hervorgerufen, sondern umgekehrt die schon aus einem andern, außerhalb der Formel liegenden Grunde nötige exceptio die Fassung der Formel möglich gemacht hat. Sieht es doch sehr danach aus, als ob beide Schwächen des Formularverfahrens, daß das Urteil im Eigentumsstreit kein Eigentum zu geben, und die Litiscontestation die Wiederholung der Klage nicht ipso iure auszuschließen vermag, eine und dieselbe Ursache haben müßten.

Zuerst von Wetzell[10], dann von Römer[11] und von Muther[12], zuletzt und am eindringlichsten von Eisele[13] ist die Meinung verfochten worden, die lex Aebutia habe lange nicht die Tragweite gehabt, die man ihr gewöhnlich beimißt. Weit entfernt, die Formel ganz allgemein an Stelle der legis actio, oder doch ihr an die Seite zu setzen, habe sie dies nur für die beiden Condictionen, die actio certae creditae pecuniae und die actio de certa re, getan.

Eine Reihe civiler Actionen scheint in der Tat noch Cicero nur als Legisactionen zu kennen. So die actio furti nec manifesti, de deor. nat. 3. 30. 74. So die actio rationibus distrahendis, de orat. 1. 36. 166, 167. So die actio familiae erciscundae, pro Caecina 7. 19, de orat. 1. 56. 237, top. 10. 43. Und so wohl auch die actio aquae pluviae arcendae, top. 9. 39, 10. 43. Auch die von Q. Mucius Scävola in l. 1 § 11 D. 9. 1 genannte actio de pauperie ist als legis actio gemeint[14].

Die bonae fidei iudicia kennt Cicero allerdings nur mit formula[15]. Cicero, pro Q. Roscio 5. 15, ist aber auch Zeuge, daß noch zu seiner Zeit die bonae fidei iudicia nicht auf Gesetz, sondern auf dem Imperium des Prätors beruhten. Um zu sagen, wie er ohne Rücksicht auf die ihm durch die Formel des gegenwärtigen Prozesses, einer actio certae creditae pecuniae, gezogenen Grenzen alles zur Aufklärung der Sache und zur Rechtfertigung seiner Partei dienliche verbringen werde, ruft er in rednerischer Übertreibung aus: perinde ac in hanc formulam

---

10 Vindicationsprozeß, S. 71 ff.

11 Das Erlöschen des klägerischen Rechts nach Einleitung des Prozesses, S. 2.

12 Zur Lehre von der römischen Actio, S. 80 f.

13 Abhandlungen aus dem römischen Civilprozeß S. 27, 77 ff.

14 Wlassak, Römische Prozeßgesetze 1 S. 88, 128.

15 Wlassak, Römische Prozeßgesetze 1 S. 73 f., 85.

omnia iudicia legitima, omnia arbitria honoraria, omnia officia domestica conclusa et comprehensa sint, perinde dicemus. Omnia officia domestica: dabei denkt er an das unter denselben Parteien in derselben Sache anhängig gewesene Schiedsverfahren[16], das selbstverständlich nicht unter freiem Himmel, sondern im Hause des Schiedsrichters vor sich gegangen war. Was haben die „Sachen der häuslichen Zucht" wie Wlassak[17] übersetzt, mit der Sache des Roscius zu tun? Und nennt nicht Cicero, pro Caecina 2. 6, auch den Schiedsrichter einen disceptator domesticus? Omnia iudicia legitima: dabei denkt er an das gegenwärtig unter den Parteien bestehende, zweifellos auf dem Gesetze beruhende iudicium certae creditae pecuniae. Omnia arbitria honoraria: dabei denkt er an das unter denselben Parteien in derselben Sache in Frage gewesene, aber weil sie damals das Schiedsgericht vorgezogen nicht zustande gekommene arbitrium pro socio, das er eben damit, und mit ihm sämtliche bonae fidei iudicia, als prätorischen Ursprungs kennzeichnet[18].

Die Behauptung des prätorischen Ursprungs der bonae fidei iudicia ist mit Beschränkung auf das durch sie verwirklichte materielle Recht schon von Paul Krüger[19] aufgestellt und auf dasselbe Zeugnis Ciceros gestützt worden. Die intentio auf oportere mit dem Zusatz ex fide bona, mochte sie auch späterhin als iuris civilis und als bloße Modifikation der auf oportere ohne diesen Zusatz lautenden intentio angesehen werden, war doch von Haus aus das gerade Gegenteil einer solchen; wenn anders man zu dem oportere hinzudenken muß: ex iure civili. Statt auf das ius civile zu sehen, das von Verpflichtungen aus Kauf, Miete, Gesellschaft usw. nichts wußte, sollte der Spruchrichter sich nur an das halten, was nach rechtlicher Leute Art und Sitte auch ohne Rechtsvorschrift als Verpflichtung anerkannt war, oder anerkannt zu werden verdiente. Krügers Behauptung ist mit Unrecht sehr bestritten. Nur sollte sie nicht auch auf Cicero de off. 3. 15. 61[20] gegründet werden. Daß, wie Cicero da bemerkt, das durch die bonae fidei iudicia verwirklichte materielle Recht auf keinem Gesetz beruhte, schließt nicht

---

16 Ebenso Voigt, Ius naturale 4 S. 454 Anm. 19, Mitteis, Römisches Privatrecht S. 46 Anm. 16.

17 Sav.-Z. 28 S. 110 Anm. 2..

18 Vgl. Voigt, Ius naturale 4 S. 454f., Mitteis, Römisches Privatrecht S. 47 Anm. 18. Der arbiter honorarius bei Cicero, Tusc. disp. 5. 41. 120 und de fato 17. 39 ist immerhin zweideutig.

19 Geschichte der Quellen und Literatur des römischen Rechts. 2. Aufl. S. 48f.

20 Atqui iste dolus malus et legibus erat vindicatus, ut tutela duodecim tabulis circumscriptio adulescentium lege Plaetoria, et sine lege iudiciis in quibus additur ex fide bona. Daß sine lege nicht zu iudiciis gehört, sondern zu vindicatus, darüber Arndts, Österr. Vierteljahrsschrift f. Rechtswissenschaft 17 S. 188, Ubbelohde, Zur Geschichte der benannten Realcontracte, S. 81, Bekker, Aktionen 1 S. 154 Anm. 62.

aus, daß es nicht dennoch schon zu Ciceros Zeit auf das ius civile zurückgeführt wurde, und daß Cicero nur dieses sagen will. Für uns hier handelt es sich nicht so sehr um das materielle Recht, als um das Verfahren. Indem Cicero dem von ihm als gesetzlich bezeichneten, zweifellos im gesetzlichen Verfahren eingesetzten iudicium certae creditae pecuniae das arbitrium pro socio als honorarium gegenüberstellt, erkennt er jedenfalls das auf Einsetzung eines solchen gerichtete Verfahren als prätorisch an.

Aber auch von einer rechten actio civilis auf oportere schlechtweg weiß Cicero, die keine condictio und doch keine legis actio ist. In einer bekannten Stelle, de orat. 1. 37. 168, läßt er den Crassus sich über die Unwissenheit der römischen Anwälte ergehen und davon folgendes Beispiel zum besten geben: Quid? in his paucis diebus, nonne nobis in tribunali Q. Pompei praetoris urbani, familiaris nostri, sedentibus homo ex numero disertorum postulabat, ut ille unde peteretur vetus atque usitata exceptio daretur: cuius pecuniae dies fuisset? quod petitoris causa comparatum esse non intellegebat: ut si ille infitiator probasset iudici ante petitam esse pecuniam, quam esset coepta deberi, petitor rursus cum peteret, ne exceptione excluderetur, quod ea res in iudicium ante (non) venisset. Daß es sich um Formularprozeß handelt, beweist schon die geforderte exceptio, die aber in Wahrheit eine praescriptio, nämlich die auch von Gaius 4. 131 genannte praescriptio cuius rei dies fuit ist. So fällt es auch nicht schwer, ich will nicht sagen die actio, der gegenüber der Anwalt die vermeintliche exceptio beantragt hatte, wohl aber die actio, die Crassus, indem er den Irrtum des Anwalts richtigstellt, im Sinn hat, zu erraten. Alle Wahrscheinlichkeit spricht für die actio ex stipulatu, an der Gaius die Bedeutung dieser praescriptio aufzeigt, und bei der das Verlangen nach ihr etwas so Alltägliches war, daß wir sie zu Gaius' Zeit als beständigen Bestandteil in die Formel aufgenommen sehen. Da ist nun etwas sehr merkwürdig. Die actio ex stipulatu ist ohne allen Zweifel iuris civilis. Es liegt auch kein Grund vor, daß Crassus sie sich anders als in Rom, unter lauter römischen Bürgern und mit nur einem Spruchrichter in der Formel vorgestellt haben sollte. Alle Voraussetzungen der ipso-iure-Consumtion nach Gaius 4. 107 waren damit gegeben. Dennoch nennt Crassus als Mittel, die wiederholte Klage abzuwehren, eine exceptio quod ea res in iudicium ante (non) venisset, unter der keine andere als die exceptio rei iudicatae vel in iudicium deductae gemeint sein kann[21]. Die bisherigen Erklärer stehen dieser exceptio ratlos gegenüber. Das Rätsel löst sich, wenn die Formel der actio ex stipulatu nicht durch die lex Aebutia, sondern nur durch den Prätor aus eigener Machtvoll-

---

[21] Lenel, Edictum, 3. Aufl. S. 509 Anm. 2.

kommenheit eingeführt sein konnte. Und wer weiß, ob nicht schon lange vor der lex Aebutia? Auch die bonae fidei iudicia denken wir uns älter als dieses Gesetz. Käme als legis actio, um aus einer incerta stipulatio zu klagen, nur die legis actio sacramento und die legis actio per condictionem in Betracht, so könnte man die Frage unbedenklich bejahen und nur noch darüber streiten, was älter sei, die bonae fidei iudicia oder die Formel der actio ex stipulatu. Da aber Gaius 4. 20 als Mittel, um de eo quod nobis dari oportet zu klagen, auch die legis actio per iudicis postulationem nennt, wird die Entscheidung davon abhängen, ob per iudicis postulationem auch schon wegen eines facere oportere geklagt werden konnte, oder ob die Klage auf facere oportere erst durch die Formel der actio ex stipulatu möglich geworden ist. Fast möchte man das letzte glauben.

Auch die actio legis Aquiliae bei Cicero pro Q. Roscio com. 11. 32 ist allem Anschein nach keine legis actio. Lite contestata, iudicio damni iniuria constituto: das ist die Sprache des Formularprozesses. Ist es eine zu gewagte Vermutung, daß es sich auch hier um ein iudicium honorarium handelt, in demselben Sinne wie wir im Falle der actio ex stipulatu von einem indicium honorarium reden dürfen? Theophilus 4. 3. 15 und das Scholion des Anonymus zu Bas. 60. 3. 1 sind viel zu trübe Quellen, die Bestimmung des Alters der lex Aquilia daraus zu schöpfen[22]. Sicher ist nur, daß das Gesetz nicht jünger sein kann, als das Zeugnis des M. Junius Brutus in l. 27 § 22 D. 9. 2. Die lex Aquilia kann also sehr wohl erst dem sechsten oder dem Anfang des siebenten Jahrhunderts angehören, und so ist es nicht undenkbar, daß die actio legis Aquiliae, obwohl ex lege, doch niemals legis actio gewesen[23], sondern, wohl gar mit dem Willen des Gesetzes, sogleich vom Prätor in die Mache genommen und mit der Formel ausgerüstet worden ist.

Daß die lex Aebutia sich wirklich auf die beiden Condictionen beschränkte, dafür haben wir auch noch die glänzende Entdeckung von Gradenwitz.

Zwei viel besprochene Kapitel der lex Rubria, das 21. und 22., ordnen das Verfahren gegen den confessus und gegen den indefensus: das 21. für den Fall der actio certae creditae pecuniae, das 22. für alle übrigen Fälle. Wie nun Gradenwitz[24] nachgewiesen hat, geht das 22. Kapitel auf eine Vorlage zurück, die allein von der actio certae rei handelte. Schade nur, daß er diese Vorlage, wie auch die des 21. Kapitels, im prätorischen Edikt sucht. Den Versuch, die entsprechenden Teile des

---

[22] Rudorff, Z. f. gesch. Rechtswissenschaft 14 S. 394f., zu Puchtas Institutionen 2 § 277 Anm. y, Rechtsgeschichte 1 S. 98 Anm. 3.

[23] Vgl. Gaius 4. 109.

[24] Versuch einer Dekomposition des Rubrischen Fragments, in den Sitzungsberichten der Heidelberger Akademie, phil.-hist. Klasse, Jahrg. 1915, Abh. 9 S. 19ff.

Edikts an Hand der beiden Kapitel wiederherzustellen[25], muß er als aussichtslos doch sogleich wieder aufgeben, da er in beiden auf die Formel stößt: siremps res lex ius caussaque usw., die, wie er richtig bemerkt, „durchaus dem Gesetzestext eigen ist". Warum also nicht: die vielmehr auf ein Gesetz als Vorlage schließen läßt? Soweit die Gerichtsordnung Roms auf dem Edikt beruhte, hielt die nach ihrem Vorbilde geschaffene Gerichtsordnung für das cisalpinische Gallien sich selbstverständlich an das Edikt[26]. Soweit aber ein Gesetz zugrunde lag, hielt sie sich selbstverständlich an das Gesetz.

Mit einem Wort: die lex Rubria ist die aus dem Edikt zu einer allgemeinen Gerichtsordnung erweiterte lex Aebutia. Gradenwitz hat zwei Kapitel der lex Aebutia entdeckt.

Nun auch diese beiden Kapitel in ihrer ursprünglichen Gestalt wiederherzustellen, ist hier nicht der Ort. Genug, daß die lex Aebutia, wie in diesen beiden, so auch in allen übrigen Kapiteln nur von der actio certae creditae pecuniae und der actio certae rei gehandelt haben wird.

Folglich — kann auch die formula petitoria, von der wir durch Cicero in Verrem 2. 12. 31 wissen, daß sie zu seiner Zeit im Gebrauch war[27], nicht durch die lex Aebutia, sondern wie die der bonae fidei iudicia und der actio ex stipulatu, und selbstverständlich auch die formulae in factum conceptae, nur durch den Prätor aus eigener Machtvollkommenheit eingeführt worden sein. Und sollte sich herausstellen, daß auch noch andere actiones civiles zu Ciceros Zeit mit Formel verhandelt worden sind[28], so müßte von ihnen dasselbe gelten.

Daß und warum zu Ciceros Zeit das Urteil im Verfahren mit formula petitoria dem Kläger kein Eigentum verschaffen, und warum die Litiscontestation die Wiederholung der Klage nicht ipso iure ausschließen konnte, das liegt jetzt am Tage. Ein ungesetzliches Verfahren kann keine civilrechtlichen Wirkungen haben. Und warum das auch durch die lex Iulia nicht anders geworden ist, darüber kann jetzt ebensowenig ein Zweifel mehr sein. Weil die lex Iulia nichts daran geändert hat. Weil die lex Iulia, so gewaltig sie das Gebiet des gesetzlichen Formularverfahrens erweitert hat, doch nicht so weit gegangen ist, wie man glaubt. Auch sie kann das Formularverfahren nur so weit gesetzlich gemacht haben, als jetzt die civilrechtliche Wirksamkeit des Formularverfahrens recht. Civilrechtliche Wirksamkeit hat aber nach Gaius 4. 106, 107 das Formularverfahren nur bei actiones in personam

[25] a. a. O. S. 40ff.

[26] Mommsen, Jahrb. des gemeinen Rechts 2 S. 319ff., wieder abgedruckt in den Juristischen Schriften 1 S. 162ff.

[27] Wlassak, Römische Prozeßgesetze 1 S. 112, 115ff.

[28] Darüber Wlassak, Grünhuts Zeitschrift 19 S. 732ff.

mit formula in ius concepta. Wem es auch bei actio in rem um ein civilrechtlich gültiges Urteil und um ipso-iure-Consumtion zu tun war, dem stand ja nach Gaius 4. 31 immer noch der Weg der legis actio offen.

Anders als es hier geschehen, werden die Gebiete des gesetzlichen und des prätorischen Prozesses von Wlassak[29] abgegrenzt. Der Gegensatz deckt sich ihm mit dem Gegensatz der iudicia legitima und der iudicia quae imperio continentur bei Gaius 4. 103, 104. Wlassak übersetzt iudicium mit Prozeß[30]. Und so ist ihm gesetzlich ohne Unterschied der actio jeder in Rom oder innerhalb der Bannmeile unter lauter römischen Bürgern und unter Ernennung nur eines Spruchrichters, prätorisch jeder ohne das eine oder andere dieser Erfordernisse verhandelte Prozeß.

Es muß aber doch dabei bleiben, daß gesetzliches Verfahren nur sein kann, was civilrechtliche Wirkung hat. Wlassak erkennt das auch selber an, indem er als selbstverständlich annimmt[31], daß auch bei actiones in rem und solchen mit in factum gefaßter Formel, wenn die Voraussetzungen eines iudicium legitimum gegeben sind, die „legitime Streitbefestigung" eine „civile Prozeßobligation", und die „Verurteilung im legitimen Prozeß die „civile actio iudicati auf iudicatum facere oportere" zur Folge haben. So legt er selber den Finger an die Achillesferse seiner Lehre. Denn den Beweis dessen, was er als selbstverständlich hinstellt, muß er schuldig bleiben. Ein Verfahren, das nicht fähig ist, den Kläger zum Eigentümer zu machen, hat auch nicht die Kraft, civile Obligationen zu erzeugen.

Daß zwar nicht legitimum iudicium, wohl aber legitimo iudicio agere wie geschaffen erscheint, das gesetzliche Formularverfahren zu bezeichnen, wer wollte das bestreiten? Iudicium an sich ist für den Römer immer nur das Spruchgericht, legitimum iudicium also das gesetzliche Spruchgericht. Aber iudicio agere[32], wörtlich das „Verfahren mit Spruchgericht", ist für das Formularverfahren geradezu technisch und das rechte Gegenstück des lege agere, als des „Verfahrens mit dem Gesetz". Nicht als wäre die legis actio nicht auch ein Verfahren mit Spruchgericht. Aber für die Parteien der legis actio ist die Einsetzung des Spruchgerichts doch nur eine Personenfrage; für die des Formularprozesses ist das Spruchgericht gleichsam die Waffe, mit der der Kläger den Beklagten angreift, der Beklagte umgekehrt sich gegen den Angriff des Klägers verteidigt, iudicio se defendit. Wie das zu denken

---

29 Römische Prozeßgesetze 1 S. 53 Anm. 9; 2 S. 70ff.
30 a. a. O. 1 S. 29; 2 S. 13, 56ff.
31 a. a. O. 2 S. 355, 364.
32 Stellen bei Wlassak a. a. O. 2 S. 14 Anm. 11.

sei, fragt Wlassak[33]: „der Richter ein Ding, mit dem die Partei verfährt wie mit der festuca oder mit Urkunden?" Doch so ist es nicht gemeint, als ob der Kläger mit dem leibhaftigen Judex in der Faust auf den Beklagten losginge. Gemeint ist überhaupt nicht das schon eingesetzte, sondern das erst einzusetzende Spruchgericht. Iudicio agere bedeutet nicht, wie Wlassak will, vor allem das Verfahren vor dem Spruchgericht und dann „auch" das ganze Verfahren mit Einschluß des Verfahrens in iure. Iudicio agere hat mit dem Verfahren vor dem Spruchgericht überhaupt nichts zu tun; iudicio agere hat wie sein Gegenstück, das lege agere, nie etwas anderes bedeutet als ausschließlich das Verfahren in iure. Zum Beweise genügt es, dieselben Stellen, namentlich Gaius 4. 106, 107, anzuziehen, auf die auch Wlassak sich beruft, und die alle nur das eine beweisen, daß im Augenblick der Litiscontestation, als dem Endpunkte des Verfahrens in iure, das iudicio agere der Vergangenheit angehört. Wie der Kläger der legis actio die Anwendung des Gesetzes, so fordert wer iudicio agit vom Prätor Einsetzung eines Spruchgerichts, versteht sich eines auf bestimmte verba einzusetzenden Spruchgerichts: welche verba iudicii für ihn dann das sind, was für jenen die verba legis.

Tatsache ist auch, daß es in Rom eine Zeit gegeben hat, da die Begriffe legitimo iudicio agere und gesetzliches Formularverfahren sich deckten. Das war auf Grund der lex Aebutia. Legitima iudicia im Sinne der lex Aebutia waren das iudicium certae creditae pecuniae und das iudicium certae rei. Gewiß waren sie es nur dann, wenn sie in Rom oder innerhalb der Bannmeile unter lauter römischen Bürgern zustande kamen, wenn sie mit einem Wort zugleich legitima iudicia waren im Sinne von Gaius 4. 104. Iudicia legitima im Sinne der lex Aebutia waren sie aber doch vor allem darum, weil sie eben das iudicium certae creditae pecuniae und das iudicium certae rei waren, für die, und für sie allein, das Gesetz das Formularverfahren vorgeschrieben hatte. Nur weil es für den Begriff des legitimum iudicium im Sinne der lex Aebutia vor allem auf die actio, ob certae pecuniae oder certae rei, ankam, konnte Cicero pro Q. Roscio com. 5. 15 dem bestehenden legitimum iudicium certae pecuniae das unter denselben Parteien beinahe, und dann doch wohl auch in Rom und mit nur einem Spruchrichter zustandegekommene arbitrium pro socio, bei dem also auch alle Voraussetzungen eines legitimum iudicium im Sinne von Gaius 4. 104 vorgelegen hätten, als arbitrium honorarium entgegenstellen. Die Bezeichnung iudicium quod imperio continetur, das muß hier bemerkt werden, ist Cicero allem Anschein nach noch nicht geläufig. Auch in der Rede pro Flacco 21. 50, wo der Kläger ein Grieche ist, braucht Cicero diesen

---

[33] a. a. O. 2 S. 27 Anm. 3.

Ausdruck nicht, sondern sagt nur, das iudicium sei nicht lege, d. h. nicht legitimum.

Erst seit der lex Iulia decken die Begriffe legitimo iudicio agere und gesetzliches Formularverfahren sich nicht mehr. Legitimo iudicio agere ist jetzt, wie sich aus Gaius 4. 104 ergibt, ohne Unterschied der actio jedes in Rom oder innerhalb der Bannmeile unter lauter römischen Bürgern und mit dem Namen nur eines Spruchrichters in der Formel, gesetzliches Formularverfahren dagegen nur ein wegen actio in personam mit formula in ius concepta in Rom usw. stattfindendes Verfahren.

Die Schuld an diesem merkwürdigen Zwiespalt trägt einzig und allein die von Gaius 4. 104 berichtete Vorschrift des Gesetzes über die sogenannte Prozeßverjährung. Hatte bis dahin ein im gesetzlichen Formularverfahren eingesetztes Spruchgericht allemal so lange bestanden, bis es durch Urteil, mochte dessen Abgabe sich auch noch so lange hinziehen, erledigt war, dahingegen ein im prätorischen Verfahren eingesetztes Spruchgericht auch ohne Urteil mit dem Abgange des Magistrats, der es eingesetzt hatte, erlosch: so schrieb jetzt die lex Iulia vor, daß ohne Unterschied der actio jedes in Rom oder innerhalb der Bannmeile unter lauter römischen Bürgern und mit nur einem Spruchrichter zustande gekommene Spruchgericht längstens achtzehn Monate dauern, mit deren Ablauf also auch ohne Urteil erlöschen sollte. Für die Spruchgerichte des gesetzlichen Verfahrens eine nicht unerhebliche, aber gewiß heilsame Einschränkung; für die des prätorischen Verfahrens, soweit sie in Rom oder innerhalb der Bannmeile unter lauter römischen Bürgern und mit nur einem Spruchrichter stattfanden, eine gewaltige Verbesserung. In gewissem Sinne waren damit ohne Unterschied der actio alle in Rom usw. stattfindenden Spruchgerichte auf das Gesetz gegründet und insoweit zu „gesetzlichen Spruchgerichten" geworden. Verglichen mit den Spruchgerichten des gesetzlichen Verfahrens, die vor allem diesen Namen verdienten, waren es aber doch nur sozusagen gesetzliche Spruchgerichte zweiter Ordnung, und es entspricht daher nur einem von den Römern auch sonst geübten Brauch, wenn die allgemeingültige Bezeichnung sich jetzt auf die geringere Rangklasse[34] zurückzog. So ist denn seit der lex Iulia legitimum iudicium nur noch der Inbegriff eines Teiles der Voraussetzungen eines gesetzlichen Formularverfahrens, und hat das gesetzliche Formularverfahren seitdem keinen Namen mehr.

Kehren wir schließlich noch einmal zurück zu unserer l. 3 § 1 D. 6. 2, um zu sagen, daß es mit dem Urteil im Eigentumsprozeß nicht, wie man immer behauptet, eine ganz andere, sondern im Gegenteil ganz

[34] Mommsen, Römisches Staatsrecht 3 S. 840.

dieselbe Geschichte ist, wie mit der Adjudication im Teilungsprozeß. Wie der Eigentumsprozeß, so ist auch der Teilungsprozeß entweder gesetzlich oder prätorisch. Nur daß es sich nicht um einen Gegensatz zwischen Legisactionenprozeß und Formularprozeß, sondern um einen solchen innerhalb des Formularprozesses handelt; und daß, weil nur actiones in personam mit formula in ius concepta in Frage kommen, der Gegensatz von gesetzlichem und prätorischem Verfahren mit dem Gegensatze der iudicia legitima und der quae imperio continentur zusammenfällt. Der Übergang des Eigentums durch die Adjudication im gesetzlichen Teilungsprozeß[35] und der Eigentumserwerb durch das ungerechte Urteil im gesetzlichen Eigentumsprozeß sind einer des andern Gegenstück.

Und wie an Stelle des sofortigen Eigentumserwerbes, den die Adjudication im prätorischen Teilungsprozeß nicht schaffen kann, ohne allen Zweifel die Möglichkeit tritt, das Eigentum zu ersitzen, nicht nur, wenn der wahre Eigentümer ein Dritter, sondern auch wenn es der Gegner selber ist, und an Stelle der rei vindicatio die actio Publiciana[36]: genau so muß es auch mit dem ungerechten Urteil im prätorischen Eigentumsprozeß sein. Ist es so doch auch mit der ebenfalls kein Eigentum zu verschaffen befähigten sog. missio ex secundo decreto in dem ebenfalls prätorischen Verfahren wegen damnum infectum[37].

Mit einem Wort: der im prätorischen Eigentumsprozeß mit Unrecht siegreiche Kläger wird durch das Urteil zwar nicht civilrechtlicher, wohl aber, sobald ihm auf Grund des Urteils die Sache vom Beklagten übergeben worden ist, si res ex causa iudicati sit tradita, prätorischer Eigentümer.

So kommt die in dem ungerechten Urteile auch des prätorischen Verfahrens eine alienatio findende l. 3 § 3 D. 27. 9, und kommen auch, die um dieser Stelle willen für den Eigentumserwerb durch Urteil eingetreten sind, doch noch zu ihrem Recht.

Daß diese meine, wie Beseler sie genannt hat[38], „künstliche Theorie" mit der von ihm als „ganz und gar Paraphrastenwerk" nachgewiesenen l. 8 § 4 D. 8.5 zusammenbreche, vermag ich nicht einzusehen. Nicht nur weil ein anderer mir gesagt hat, sie sei schlagend. Denn erstens wurzelt sie nicht in l. 8 § 4 D. 8. 5, sondern in l. 3 § 1 D. 6. 2, und hat sie nur geglaubt, sich in jener widerzuspiegeln. Und zweitens: „zu glauben, daß sie, die Paraphrasten, immer unklassische Rechtssätze aussprechen, wäre ein verhängnisvoller Irrtum[39]".

---

35 Ulpian 19. 16, Paulus Vat. fr. 47a.

36 l. 7 pr. D. 6. 2, l. 44 § 1 D. 10. 2.

37 l. 15 § 16, l. 18 § 15 D. 39. 2.

38 Sav.-Z. 44 S. 371f.

39 Beseler, Beitr. 4 S. 309.

IX. Doppelgeschäfte

Keiner Übergabe bedarf es, wenn der Erwerber die Sache irgendwie schon hat, nur nicht als Eigentümer, sondern weil der Veräußerer sie ihm geliehen, vermietet, in Verwahrung gegeben, verpfändet, er selber sie einem dritten, der nicht ihr Eigentümer war, abgekauft hat oder dergleichen: wenn mit einem Worte der Erwerber die Sache so hat, daß der Veräußerer sie früher oder später ihm abfordern könnte, und wenn er sie ihm im Sinne des Wortes übergeben wollte, erst abfordern müßte. Dieses Hin und Her kann erspart werden. Die bloße Einigung, daß der bisherige Entleiher, Mieter, Verwahrer usw. die Sache als gekauft, oder geschenkt, oder sonst behalten solle, genügt ihn zum Eigentümer zu machen, oder wenn der Veräußerer nicht Eigentümer oder die Sache nicht nec mancipi ist, zum Besitzer pro emptore, pro donato usw.[1], und zugleich ihn von seiner Verpflichtung zur Herausgabe zu entbinden.

Die gemeinrechtliche Lehre, nicht zufrieden damit, hält es für nötig eine Übergabe zu fingieren, der sie den Namen brevi manu traditio, einer Übergabe die keine ist, gibt. Und will es das Unglück, daß der Erwerber schon irgendwie Besitzer ist, zum Beispiel als Pfandgläubiger, also durch keine Übergabe mehr zum Besitzer gemacht werden kann, soll erst durch ein constitutum possessorium, auch nur eine Fiktion, der Besitz an den Veräußerer zurückübertragen werden, ehe dieser durch brevi manu traditio den Erwerber zum Eigentümer machen kann.

Als Käufer einer Sache gilt auch, und wird ohne Übergabe deren Eigentümer, wer als auf deren Herausgabe verklagt, mit der rei vinicatio oder sonst, es vorzieht die litis aestimatio zu zahlen und die Sache zu behalten[2]. Wenn die Sache nec mancipi und der Kläger Eigentümer ist, versteht sich. Fehlt es an dem einen oder andern, was auch bei einer rei vindicatio vorkommen kann[3], wird er nur Besitzer pro emptore und hat er, wenn er den Besitz verliert, die actio Publiciana. Die Stellen, die das sagen[4], aus dem Zusammenhange gerissen wie sie sind, lassen das Fehlen des einen oder andern Erfordernisses nicht immer klar erkennen[5].

Keiner Übergabe bedarf es auch, wenn der Veräußerer und der Erwerber zugleich über ein anderes Geschäft einig sind, vermöge dessen

[1] l. 9 § 5 D. 41. 1, l. 62 pr. D. 21. 2, l. 9 § 1 D. 6. 2, l. 3 § 20 D. 41. 2, l. 33 § 1 D. 41. 3.

[2] l. 46 D. 6. 1, l. 5 § 1 D. 13. 6, l. 30 D. 16. 3.

[3] l. 3 § 1 i. fi. D. 6. 2.

[4] l. 1 D. 41. 4, l. 27 D. 41. 3, l. 2 § 21 D. 41. 4, l. 4 § 13 D. 41. 3, l. 85. D. 47. 2, l. 7 § 1 D. 6. 2, l. 22 pr. D. 25. 2.

[5] a. M. Mitteis, Sav.-Z. 33 S. 206.

die Sache, gesetzt sie würde dem Erwerber übergeben, doch sogleich wieder zurückgegeben werden müßte: wenn zum Beispiel der Verkäufer die Sache, die er verkauft, zugleich von dem Käufer mietet. Auch dieses Hin und Her kann erspart werden. Die bloße Einigung über das Doppelgeschäft genügt, den Käufer und zugleich Vermieter zum Besitzer und Eigentümer, den Verkäufer und zugleich Mieter zum Gehilfen des neuen Besitzers in der Wahrung des so erworbenen Besitzes zu machen.

L. 18 pr. D. 41. 2, Celsus lib. 23 digestorum. *Quod meo nomine possideo possum alieno nomine possidere.* nec enim muto mihi causam possessionis, sed desino possidere et alium possessorem ministerio meo facio. *nec idem est possidere et alieno nomine possidere: nam possidet cuius nomine possidetur. procurator alienae possessioni praestat ministerium.*

Den Anfang hat schon Beseler[6] bemängelt, indem er incipere hinzuzusetzen für nötig hält. Die Compilatoren werden den mangelhaften Satz vom Rande genommen und den von Celsus gegebenen Tatbestand gestrichen haben. Celsus kann den Fall der verkauften und zugleich dem Käufer abgemieteten Sache, er kann auch einen der folgenden Fälle gegeben haben.

L. 19 pr. D. 41. 2, Marcellus lib. 17 digestorum. Qui bona fide alienum fundum emit eundem a domino conduxit. quaero utrum desinat possidere an non. respondi, in promptu est ut possidere desierit.

Der Besitzer einer fremden Sache, die er in gutem Glauben gekauft hat, erkennt den wahren Eigentümer als solchen an und mietet ihm die Sache ab. Auch ein Doppelgeschäft, nur kein Übereignungsgeschäft dabei. Aber die Analogie ist zwingend. Marcellus sagt zwar nur, daß der bisherige Besitzer zu besitzen aufgehört habe, nicht auch daß der Besitz auf den Eigentümer übergegangen sei. Aber doch nur, weil er nicht danach gefragt worden ist.

L. 21 § 3 D. 41. 2, Iavolenus lib. 7 ex Cassio. Qui alienam rem precario rogavit, si eandem a domino conduxit, possessio ad dominum revertitur.

Fast derselbe Fall, nur daß der Besitzer der fremden Sache sie nicht gekauft, sondern precario bekommen hat. Die Worte possessio ad dominum revertitur, denen man vorgeworfen hat, sie fielen aus der Construction, sind gutes Latein: Cicero, de legibus 2. 8. 19.

L. 6 pr. D. 41. 4, Pomponius lib. 32 ad Sabinum. Qui cum pro herede usucaperet precario rogavit, usucapere non potest...

---

6 Beitr. 1 S. 98.

Der Besitzer einer fremden Sache, die er geerbt oder gekauft hat, erkennt den wahren Eigentümer als solchen an und behält sie precario. Er verliert nicht, sondern verändert nur in erlaubter Weise die Art seines Besitzes: die Analogie darum nicht weniger zwingend.

Die gemeinrechtliche Lehre vermag sich diese Art Besitz und Eigentum zu erwerben nur so zu erklären, daß sie eine Art des Besitzerwerbes durch einen Stellvertreter darin sieht. Stillschweigend gebe der Veräußerer die Erklärung ab, das sogenannte constitutum possessorium, fortan für den Erwerber besitzen zu wollen, und erwerbe er so von sich selber für den Erwerber ohne Übergabe den Besitz. Das heißt doch die Dinge auf den Kopf stellen. Beide Geschäfte geht der Veräußerer und zugleich Mieter im eigenen Namen ein, und Vertreter des Erwerbers und Vermieters wird er erst dadurch.

Aber nicht genug mit dieser Fiction, hat man auch daraus den Schluß gezogen, also könne diese Art Besitz zu erwerben nur ganz ausnahmsweise erlaubt gewesen sein, nämlich nur von dem eigenen Procurator, als der einzigen freien Person, durch die man nach klassischem Recht Besitz erwerben konnte.

Schulz[7] beruft sich auf l. 18 pr. cit., deren Schlußsatz unzweideutig zeige, daß Celsus nur von dem Procurator als Constituenten gesprochen habe. Celsus redet von sich selber, als wäre er derjenige welcher, und war gewiß ein vornehmer Mann. Celsus in der Rolle eines Procurators, wohl gar eines gewesenen Sklaven: schwer zu glauben, daß er sich darin gefallen hätte. Wie der Anfang, so wird auch der Schlußsatz der l. 18 pr. vom Rande sein, und den Text dazu haben die Compilatoren gestrichen. Auch der Satz davor ist wohl nur Paraphrase.

Schulz beruft sich auch auf:

> L. 77 D. 6. 1, Ulpianus lib. 17 ad edictum. Quaedam mulier non marito fundum donavit per epistulam et eundem fundum ab eo conduxit: *posse defendi in rem ei competere, quasi per ipsam adquisierit possessionem veluti per colonam.* proponebatur quod etiam in eo agro qui donabatur fuisset, cum epistula emitteretur: quae res sufficiebat ad traditam possessionem, *licet conductio non intervenisset.*

Ein Grundstück, allem Anschein nach in der Provinz, das geschenkt und dem Beschenkten von der Schenkerin abgemietet worden ist. Aber nicht darum erkennt Ulpian die Schenkung als vollzogen an, sondern nur weil der Schenkungsbrief auf dem Grundstück überreicht worden, der Besitz damit dem Beschenkten so übergeben worden ist, daß er zugleich eine erste Besitzhandlung hat vornehmen können. Die Worte *posse defendi in rem ei competere* bis *per colonam* und *licet con-*

[7] Einführung S. 73ff.

ductio non intervenisset sind nicht von ihm. Darin hat Schulz recht. Aber daraus folgt nicht, daß das sogenannte constitutum possessorium nur ausnahmsweise erlaubt gewesen, sondern nur daß es bei Schenkungen ausnahmsweise nicht erlaubt gewesen ist. So wollte es die lex Cincia.

> Vat. fr. 293, Diocletianus et Maximianus. In donatione rei tributariae circa exceptam et non exceptam personam legis Cinciae nulla differentia est, cum et vacuae possessionis inductione celebrata in utriusque persona perficiatur, et si hanc secutam post huiusmodi placitum non constet, manifeste nec coepta videatur...

Zu wörtlich kann man das gar nicht nehmen. Die geschenkte res nec mancipi muß „übergeben" worden sein, ohne Unterschied der Personen, ob exceptae oder non exceptae. Sonst ist die Schenkung nicht perfect.

Schulz beruft sich ferner auf:

> Vat. fr. 313, Diocletianus et Maximianus. Donatio praedii quod mancipi est inter non exceptas personas traditione atque mancipatione perficitur, eius vero quod nec mancipi est traditione sola. si igitur patrona tua in rebus humanis agens supradicto iure ex causa donationis, retento sibi usu fructu, ad te eundem fundum transtulit, intellegis ius tuum satis esse munitum...

Schenkung eines Grundstückes unter personae non exceptae unter Vorbehalt des Nießbrauchs. Sei das Grundstück mancipi, sagen die Kaiser, müsse es dem Beschenkten übergeben und mancipiert, sei es nec mancipi nur übergeben worden sein. Wenn diese Vorschrift befolgt worden sei, könne der Beschenkte seines Eigentumes sicher sein. Auch das kann man nicht wörtlich genug nehmen. So wiederum richtig Schulz. Aber nur weil es sich um eine Schenkung handelt. Und ein Irrtum ist es, wenn er meint, das Grundstück könne nur mancipi gewesen sein, denn nur bei der Mancipation sei die retentio usus fructus zulässig gewesen[8]. Wahr ist nur, daß der Schenker einer res nec mancipi seiner Übergabeerklärung nicht die Worte deducto usu fructu anhängen konnte. Mit der Schenkung die Bestellung eines Nießbrauches für den Schenker zu verbinden, per pactum et stipulationem versteht sich[9], warum sollte das nicht erlaubt gewesen sein? Und würden die Kaiser sonst davon reden?

Nur weil von einer Schenkung handelnd erklärt sich auch:

> Vat. fr. 265, Papinianus lib. 12 responsorum. Aurum et argentum, quod in re praesenti fuit, pater filio sui iuris donavit eiusque

[8] Vat. fr. 47, 47a.

[9] Gaius 2. 31.

possessionem traditam esse instrumento palam fecit. non idcirco donationem inritam factam existimavi, quod usum omnium rerum apud patrem filius reliquit.

Ein Vater hat Gold- und Silbersachen, die zu dem Zwecke bereitstanden, seinem ebenfalls gegenwärtigen gewaltfreien Sohne geschenkt und für übergeben erklärt. Und so ernst wird die Vorschrift des lex Cincia genommen, daß es wie in diesem Falle fraglich sein konnte, ob ein solcher Vorbehalt nicht mit der Übergabeerklärung in Widerspruch stände. Papinian hat nichts dagegen.

Die Vorschrift der lex Cincia wurde noch überboten durch ein Gesetz Constantins vom Jahre 316, Vat. fr. 249. Die Übergabe des geschenkten Grundstückes sollte nur noch auf dem Grundstücke selber und vor der versammelten Nachbarschaft erklärt und entgegengenommen werden dürfen. Galt nur für personae non exceptae, ist aber durch ein zweites Gesetz Constantins, von dem wir nur durch ein Gesetz seiner Söhne, l. 7 C. Th. 8. 12, wissen, auf personae exceptae ausgedehnt worden. Die Verfasser des Theodosianischen Codex haben das Gesetz vom Jahre 316 als l. 1 C. Th. 8. 12 so zusammengestrichen, daß es selber schon für alle Schenkungen galt und das zweite Gesetz überflüssig machte.

Die Vorschrift vom Jahre 316 ist rund hundert Jahre später durch die l. 8 C. Th. 8. 12 von Honorius und Theodosius noch einmal eingeschärft, und sie durch den Vorbehalt des Nießbrauchs als Ersatz der Übergabe zu umgehen verboten worden. Schon zwei Jahre später, durch die l. 9 eod., haben sie den Vorbehalt des Nießbrauchs als Ersatz der Übergabe wieder erlaubt, und dabei ist es geblieben. Das Gebot der corporalis traditio, wenn ohne solchen Vorbehalt geschenkt wurde, ließen sie bestehen. Es ist, soviel wir sehen, erst von Justinian abgeschafft worden. Er hat das Gesetz Constantins als l. 25 C. 8. 53 noch weiter so gekürzt, daß von diesem Gebot nichts übriggeblieben ist. Er hat auch die l. 77 D. 6. 1 interpoliert und den Vorbehalt der Miete als Ersatz der Übergabe erlaubt.

Die l. 9 C. Th. 8. 53 von Honorius und Theodosius sagt so:

> ... ut quisquis rem aliquam donando vel in dotem dando usum fructum sibi detinuerit ... eam continuo tradidisse credatur.

Daß auch bei Bestellung einer Dos, die nicht zugleich Schenkung an die Frau war, der Vorbehalt verboten gewesen wäre, folgt daraus nicht unbedingt. Justinian in l. 25 C. 8. 53, der die Worte vel vendendo hinzufügt, tut es nur, damit kein falscher Schluß gezogen werde.

Zwei Übereignungsgeschäfte über denselben Gegenstand unter drei Personen, deren eine an beiden Geschäften beteiligt ist, an dem einen als Erwerber, an dem andern als Veräußerer, können zu einem Doppelgeschäft zusammengefaßt und durch eine Übergabe vollendet werden.

A ist Schuldner des B, B ist Schuldner des C, beide von hundert. Durch die eine Übergabe von A an C können beide Schulden erfüllt und kann C Eigentümer werden, wie sonst durch deren zwei, die eine von A an B, die andere von B an C.

Oder A ist Schuldner des B, B will dem C schenken. Durch die eine Übergabe von A an C kann die Schuld des A erfüllt und kann C von B beschenkt und Eigentümer werden, wie sonst durch deren zwei.

Erfordert wird, außer den ohnehin erforderlichen beiden Einigungen zwischen A und B und zwischen B und C, daß A, B und C, alle drei, auch darüber einig sind, daß durch die eine Übergabe des A an C beide Geschäfte vollendet werden sollen. Diese zusätzliche Einigung wird in der Regel so zustandekommen, daß B den A, wie man sagt, „anweist", das heißt ihm und durch ihn zugleich dem C vorschlägt, es so zu machen, und daß A und C danach handeln[10]. Es kann aber auch sein, daß A und C mit der Ausführung vorangehen und die Einwilligung des B nachgeholt wird[11].

Auf dieselbe Weise können auch drei und mehr Geschäfte hintereinander geschaltet und durch eine Übergabe vollendet werden.

X. Besitz auf Zeit

Das ius civile kannte nur zwei Besitzrechte, das Recht auf immer, Eigentum genannt, und das Recht auf Lebenszeit unter dem Namen Nießbrauch[1].

Nach ius civile unmöglich war ein Recht auf sonstwie bestimmte Zeit. Wohl konnte ein Nießbrauch auch auf sonstwie bestimmte Zeit bestellt werden[2]: er war dann doch kein Recht auf so bestimmte Zeit schlechtweg, sondern ein Recht auf Lebenszeit oder die sonstwie bestimmte Zeit, je nachdem welche dieser beiden Zeiten sich zuerst erfüllte. Starb der Berechtigte vor der sonstwie bestimmten Zeit, kam deren Rest nicht dem Erben des Nießbrauchers zugute, sondern der Nießbrauch erlosch.

Nach ius civile ganz unmöglich war ein Recht auf Zeit unter dem Namen Eigentum auf Zeit. So unleidlich war den Römern ein solcher Widerspruch, eines Rechts auf immer und doch nicht auf immer, daß selbst der Nießbrauch, wenn unter dem Namen Eigentum auf Lebenszeit bestellt, ungültig bestellt war.

---

10 l. 64 D. 46. 3, l. 61 D. 21. 2.

11 l. 58 pr. D. 46. 3.

1 Archiv f. d. civ. Praxis 78 S. 389ff.

2 Vat. fr. 48.

Vat. fr. 283, Diocletianus et Maximianus. Si praediorum stipendiariorum proprietatem dono dedisti ita, ut post mortem eius qui accepit ad te rediret, donatio inrita est, cum ad tempus proprietas transferri nequiret. si vero usum fructum in eam contra quam supplicas contulisti, usum fructum a proprietate alienare non potuisti.

Die letzten Worte, über deren Sinn man immer noch im Unklaren ist, wollen den Anfragenden nur über den Sinn der Bestellung eines Nießbrauchs beruhigen[3]. „Wenn du aber einen Nießbrauch bestellt hast, dann brauchst du nicht zu fürchten, ihn damit für alle Zeiten von deinem Eigentum abveräußert, das Eigentum für immer damit belastet zu haben." Weil der Nießbrauch mit dem Tode des Berechtigten erlischt, versteht sich.

Justinian nimmt es mit den Worten Eigentum auf Lebenszeit nicht so genau. Das selbe Rescript findet sich als l. 2. C. 8. 54 in folgender Fassung wieder.

Si praediorum proprietatem dono dedisti ita, ut post mortem eius qui accepit ad te rediret, donatio *valet,* cum *etiam* ad tempus *certum vel incertum ea fieri potest, lege scilicet quae ei imposita est conservanda.*

So vollkommen ist der Sinn des Rescripts in sein Gegenteil verkehrt, daß ein Recht auf Zeit, sei es auch unter dem Namen Eigentum auf Zeit, nicht mehr unmöglich ist. Freilich nur bei Schenkungen. Nur für Vermächtnisse soll nach l. 26 C. 6. 37 das selbe gelten.

Nach ius civile unmöglich war auch ein Recht entweder auf immer oder nur auf Zeit, so daß ein zukünftiges ungewisses Ereignis darüber entscheiden sollte, ob auf immer oder nur auf Zeit: das heute sogenannte auflösend bedingte Eigentum. Hauptfall die Schenkung von Todes wegen. L. 29 D. 39. 6, die dem Schenker trotzdem, wenn er die Todesgefahr überlebt, die geschenkte Sache zu vindicieren erlaubt, ist anerkannt interpoliert. L. 1 D. 39. 5 ist es ebenfalls, noch richtiger wohl vom ersten bis zum letzten Worte unecht.

In der klassischen Zeit mußte man sich zu helfen wissen. Der Schenker auf Zeit und der Schenker auf immer oder auf Zeit konnte dem so zu Beschenkenden schlechthin Eigentum übertragen, indem er ihm zugleich die Verpflichtung auferlegte, das Eigentum das er ihm übertrug nach Ablauf der Zeit oder nach Eintritt des entscheidenden Ereignisses, der Bedingung wie man sagt, zurück zu übertragen. Das gegebene Mittel war die Stipulation.

Nur wenn der Schenker ohnehin eine condictio hatte, wie bei der Schenkung unter einer Auflage und der Schenkung von Todes wegen,

[3] Arch. f. d. civ. Praxis 78 S. 406.

die Rückgabe aber doch besonders ausgemacht worden war, konnte es so scheinen, als ob ein einfaches Versprechen genügte, den Beschenkten zur Rückgabe zu verpflichten.

L. 2 C. 4. 6, Alexander A. Asclepiadi. Si ut proponis pater tuus ea lege sorori tuae praedia ceteraque quorum meministi donavit, ut creditoribus ipsa satisfaceret, ac si placita observata non essent donatio resolveretur, eaque contra fidem negotii gesti versata est, non est iniquum actionem condictionis ad repetitionem rerum donatarum tibi qui patri successisti decerni.

Eine condictio wegen Nichterfüllung einer Auflage, so wird zwar behauptet[4], kenne das klassische Recht nicht, und diese hier sei interpoliert. Man bemängelt das als Rechtfertigung einer condictio gewiß auffällige non est iniquum decerni und vermutet eine actio fiduciae.

Aber die Parteien sind Griechen, die Grundstücke also in der Provinz gelegen und eine fiducia an solchen ist ausgeschlossen. Und daß der Schenker der Beschenkten die Verpflichtung habe auferlegen wollen, wenn sie die Auflage nicht erfüllte, das Eigentum der geschenkten Grundstücke zurück zu übertragen, die selbe Verpflichtung die sie auch ohne die Abrede hätte und wegen deren der Schenker ohne weiteres die condictio hätte, ist nur wohlwollende Auslegung des Kaisers. Der Schenker hatte es anders gemeint, so daß wenn die Auflage nicht erfüllt würde die Schenkung sich in nichts auflösen und das Eigentum der geschenkten Grundstücke und anderen Sachen ohne weiteres an den Schenker zurückfallen sollte, wie es nach griechischem Recht erlaubt sein mochte, nach römischem aber nicht anging. Darum das non est iniquum.

Das Recht des Ehemannes an der Dos ist nach klassischem Rechte Eigentum, aber auf dem Wege ein Recht auf die Zeit der Ehe zu werden.

Das klassische Recht gibt auf Rückgabe der Dos nach Auflösung der Ehe eine persönliche Klage, die bekannte actio rei uxoriae, bald dem Vater der Frau, bald dem Vater und der Frau, bald der Frau alleine, bald den Erben der Frau[5]. Erlaubt und sehr gebräuchlich war es jedoch, bei Bestellung der Dos deren Rückgabe nach Auflösung der Ehe zu stipulieren. Statt der actio rei uxoriae hatte man dann später die actio ex stipulatu. Auch jeder extraneus, als welcher auch die Mutter galt, konnte das. Der Vater der Frau und diese selber als Bestellerin der Dos konnten das was ihnen nach dem Recht der actio rei uxoriae

[4] Haymann, Schenkung unter einer Auflage S. 124ff., Mitteis, Röm. Privatrecht S. 201 Anm. 24.

[5] Ulp. epit. 5. 4, 5, 6, 7.

zukam auch durch bloßes pactum abändern. Die Stellen, die auch einem extraneus erlauben, durch bloßes pactum sich die Rückgabe der Dos nach Auflösung versprechen zu lassen, und ihm daraus die actio praescriptis verbis oder eine condictio geben, sind interpoliert.

L. 6 C. 5. 12, Maximinus. Avia tua eorum, quae pro filia tua in dotem dedit, *et*si verborum obligatio non intercessit, actionem ex fide conventionis ad te, si heres extitisti, transmittere [NON] potuit. nec enim eadem causa est patris et matris paciscentium: quippe matris pactum actionem *praescriptis verbis* [NON] constituit, patris *dotis* [REI UXORIAE] actionem *profecticiae nomine* competentem conventione simplici minime creditur innovare.

Das *et* vor si hat schon Beseler[6] gestrichen und vor potuit ein NON eingeschoben. Mit Beseler auch ex fide conventionis zu streichen, und von nec enim an alles, das geht zu weit. Nur *praescriptis verbis* ist unecht, an dessen Stelle ein NON gehört, und *dotis*, dafür REI UXORIAE zu setzen ist, und *profectitiae nomine*[7], das der interpolierten l. 2 § 1 D. 24. 3 zu Liebe so unschön zwischen actionem und competentem in der Klemme sitzt.

Die Großmutter des Anfragenden hat für dessen Tochter, ihre Urenkelin, eine Dos bestellt und sich deren Rückgabe durch bloßes pactum versprechen lassen. Die Ehe ist aufgelöst und der Anfragende will wissen, ob er als Erbe der Bestellerin die Rückgabe der Dos verlangen könne.

Der Kaiser antwortet nicht wie Justinian ihn sagen läßt mit Ja, sondern mit Nein. Denn zwischen dem pactum des Vaters und dem der Mutter, sagt er, geschweige dem der Urgroßmutter, sei ein großer Unterschied. Das pactum der Mutter und also auch der Urgroßmutter sei unklagbar, nicht wie Justinian den Kaiser sagen läßt mit actio praescriptis verbis klagbar, dahingegen das des Vaters REI UXORIAE actionem competentem conventione simplici minime creditur innovare. Man hat das immer so verstanden, als reichte das pactum des Vaters nicht aus, es müsse eine Stipulation hinzukommen: im Widerspruche doch mit allem, was über das Verhältnis zwischen Vater und Kind im Gegensatz zu dem zwischen Mutter und Kind bekannt ist. „Merke dir die Stelle wohl", sagt schon ein Byzantiner[8], „denn nirgends sonst findest du geschrieben, daß der Vater sich die Rückgabe der Dos nicht durch bloßes pactum versprechen lassen könne, sondern stipulieren müsse." Ebenso mißversteht es die Glosse, und die widersprechenden

---

6 Beitr. 2 S. 168.

7 Paul Krüger zu d. St.

8 Schol. 3 τούτεστι zu Bas. 29. 1. 93, Heimbach 3 S. 434. Schol. 1 τοῦ αὐτοῦ ebenda.

Stellen gewaltsam umdeutend überbietet sie sich mit Gründen, die vermeintliche Zurücksetzung des Vaters zu erklären[9]. Ebenso mißversteht es Cujacius[10], und ebenso mißversteht man es noch heute[11].

Dahingegen das pactum des Vaters, so sagt in Wahrheit der Kaiser, nur die ihm schon sichere actio rei uxoriae ohne Mitwirkung der Tochter nicht mehr abändern kann. Conventio simplex, damit ist nicht das einfache pactum gemeint im Gegensatze zur Stipulation. Gemeint ist die sozusagen einspännige Eingehung des pactum durch den Vater allein, im Gegensatze zu der mit der Tochter zusammen, als einer conventio duplex.

> L. 1 C. 5. 14, Severus et Caracalla. Legem quam dixisti, cum dotem pro alumna dares, servari [NON] oportet, *nec* [SED] obesse tibi debet quod dici solet, ex pacto actionem non nasci. *tunc enim hoc dicimus cum pactum nudum est. alioquin cum pecunia datur et aliquid de reddenda ea convenit, utilis est condictio.*

Wörtlich übereinstimmend l. 10 C. 2. 3, nur mit potuit statt debet, und hoc iure utimur statt hoc dicimus.

Mit Perozzi[12] schon von nec obesse an alles zu streichen, geht zu weit. Wir schieben vor oportet ein NON ein, ersetzen *nec* durch SED, und streichen erst von *tunc enim* an alles. Die condictio, die hier gegeben wird, ist nur ein anderer Name für die actio praescriptis verbis[13].

> L. 7 D. 23. 4, Pomponius lib. 15 ad Sabinum. Cum dos filiae nomine datur, optimum est pactum conventum cum utroque generum facere, *quamquam initio dotis dandae legem quam velit etiam citra personam mulieris is qui dat dicere possit.* si vero post datam pacisci velit, utriusque persona in paciscendo necessaria est, *quoniam iam adquisita mulieri dos tum esset...*

Während sonst in der ganzen Stelle nur von Vater und Tochter als Paciscenten die Rede ist, schleichen in den beiden als unecht gekennzeichneten Sätzen ein beliebiger *is qui dat,* der auch ein extraneus sein könnte, und eine *mulier* sich ein.

> L. 20 § 1 D. 23. 4, Paulus lib. 35 ad edictum. Si extraneus de suo daturus sit dotem, quidquid vult *pacisci* et ignorante muliere

---

[9] Gl. Avia tua und Gl. simplici zu l. 6 C. 5. 12. Gl. conventum zu l. 7 C. eod. Gl. mulieri zu l. 22 pr. D. 24. 3. Gl. si ex continenti zu l. 19 pr. D. eod. Gl. convenit zu l. 6 D. 12. 4.

[10] Venedig und Modena 1758ff. 9. 450 D.

[11] Czyhlarz, Dotalrecht S. 441.

[12] Studi Schupfer 1898 Bd. 1 S. 185.

[13] Schol. 2 Σημείωσαι und τὴν παροῦσαν zu Bas. 11. 1. 71 (= l. 10 C. 2. 3), Heimbach 1 S. 650f. Schol. 1 τὸ κατὰ πόδας zu Bas. 29. 5. 31 (= l. 1 C. 5. 14), Heimbach 3 S. 480.

sicut et stipulari potest. *legem enim suae rei dicit. postquam vero dederit, pacisci consentiente muliere debet.*

Ein besonderer Beweis der Unechtheit der als unecht gekennzeichneten Stücke ist nicht zu erbringen.

In l. 22 pr. D. 24. 3 dürfen wir vel extraneus streichen. Sonst in der ganzen l. 22 bis hin zu § 12 ist immer nur von Vater und Tochter die Rede. An l. 45 D. 24. 3, pactum et stipulationem, ist nichts auszusetzen. Ein pactum mit angehängter Stipulation kann auch ein extraneus ohne Schaden eingehen. In l. 24 C. 5. 12 ist entweder pacto vel zu streichen, oder vel durch et zu ersetzen. In l. 29 § 1 D. 24. 3 bei dem convenerit kann an eine Stipulation gedacht sein[14]. In l. 240 D. 50. 16, l. 1 C. 4. 6, l. 1 C. 5. 18 kann als Besteller der Dos der Vater oder die Frau gemeint sein.

Die condictio aus dem Rückgabeversprechen ist ein Ausfluß des allgemeinen Satzes nachklassischer Herkunft, den Justinian in eine Stelle des Gaius hineingelegt hat.

L. 48 D. 2. 14, Gaius lib. 3 ad XII tabulas. In *traditionibus* rerum quodcumque *pactum* sit, id valere manifestissimum est.

Gaius hatte von dem dicere in mancipio gehandelt. Justinian sagt, was bei einer Eigentumsübertragung abgemacht worden sei, das gelte. Was also so ein Empfänger versprochen hat, das muß er halten. Tut er es nicht, hat der Geber nicht nur wie nach klassischem Recht eine condictio auf Rückgabe des Empfangenen, sondern auch die actio praescriptis verbis auf Erfüllung seines Versprechens. Hat der Empfänger nur die Rückgabe des Empfangenen versprochen, hat er nicht nur die actio praescriptis verbis, sondern auch eine condictio, eine jede auf Rückgabe des Empfangenen. Die condictio aus dem Rückgabeversprechen ist, wie schon gesagt, nur ein anderer Name für die actio praescriptis verbis aus dem Rückgabeversprechen. Daß eine solche condictio nach klassischem Recht unmöglich war, hatte seinen Grund nicht zum wenigsten darin, daß der Widerspruch den Römern unleidlich war zwischen einem bloßen Willen Eigentum zu übertragen und einem bloßen Willen das Gegebene zurückfordern zu dürfen.

Die condictio aus dem Rückgabeversprechen ist unecht, wo immer sie sich findet.

L. 15 D. 12. 4, Pomponius lib. 22 ad Sabinum. Cum servus tuus in suspicionem furti Attio venisset, dedisti eum in quaestionem sub ea causa, ut si id repertum in eo non esset redderetur tibi. is eum tradidit praefecto vigilum quasi in facinore deprehensum. prae-

[14] Vgl. l. 28 § 7 D. 24. 1, l. 44 D. 46. 1.

fectus vigilum eum summo supplicio adfecit. ages cum Attio dare eum tibi oportere, quia et ante mortem dare tibi eum oportuerit. Labeo ait posse etiam ad exhibendum agi, quoniam fecerit quo minus exhiberet. sed Proculus *dari oportere ita ait, si fecisses eius hominem, quo casu ad exhibendum agere te non posse: sed si tuus mansisset* etiam furti te acturum eum eo, quia re aliena ita sit usus, ut sciret se invito domino uti aut dominum si sciret prohibiturum esse.

Ein des Diebstahls verdächtiger Sklave ist dem Bestohlenen namens Attius zur peinlichen Frage übergeben worden, gegen das Versprechen, wenn nichts dabei herauskomme ihn zurückzugeben. Attius hat ihn ohne weiteres als auf der Tat ertappt dem Präfekten übergeben und der ihn hinrichten lassen.

Dann könne der Eigentümer den Sklaven condicieren, lesen wir, auch stehe ihm die actio ad exhibendum zu. Gemeint kann nur die condictio furtiva sein[15], auf die auch die Worte quia et ante mortem dare tibi eum oportuerit, die an Gaius 2. 61 erinnern, hinzuweisen scheinen. Nicht daß das Rückgabeversprechen ohne Bedeutung wäre: also hatte Attius wohl gewußt, daß er mit dem Sklaven nicht tun durfte, wie ihm beliebte.

Pomponius scheint die condictio doch aus dem Rückgabeversprechen abzuleiten, als welche sie voraussetzen würde, daß dem Attius das Eigentum an dem Sklaven übertragen worden wäre, und als welche Pomponius sie auch nur unter dieser Voraussetzung gibt. Nur wenn Attius nicht Eigentümer geworden ist, nimmt auch er ein furtum an, nennt dann aber nur die actio furti und daneben die actio ad exhibendum. Von der condictio furtiva merkwürdigerweise kein Wort.

Man versteht auch nicht, welchen Zweck es im vorliegenden Falle haben konnte, dem Attius das Eigentum zu übertragen und dafür fünf Zeugen und einen libripens zu bemühen. Ging es doch, wie Pomponius selber sagt, auch ohne das. Nur um für den Fall, daß auf der Folter etwas herauskäme, im voraus die noxae deditio vorzunehmen[16]? Als ob, wer es mit dem Hängen so eilig gehabt hat, darauf Wert gelegt hätte.

Und Labeo, der neben einer solchen condictio die actio ad exhibendum für möglich gehalten haben soll, wie sollen wir den verstehen?

Die l. 15 ist gefälscht. Die Worte *dari oportere ita ait si fecisses eius hominem, quo casu ad exhibendum agere te non posse* sind eine Glosse zu den Worten Labeo ait posse etiam ad exhibendum agi, von der Hand eines an die condictio aus dem Rückgabeversprechen glaubenden nach-

---

[15] Trampedach, Sav.-Z. 17 S. 98. v. Mayr, Sav.-Z. 25 S. 189 Anm. 4. Siber, Die Passivlegitimation bei der rei vindicatio S. 6. Beseler, Beitr. 1 S. 25.

[16] Erxleben, Condictiones sine causa Bd. 2 S. 186. Beseler, Sav.-Z. 74 S. 365.

klassischen Bearbeiters. „Von dari oportere redet er, Pomponius, nämlich nur für den Fall, wenn Attius zum Eigentümer gemacht worden ist, in welchem Falle die actio ad exhibendum nicht statt haben kann.“ Die Worte *sed si tuus mansisset* sind wohl von einer zweiten Hand, die die Glosse in den Text aufgenommen hat, der Verbindung wegen hinzugefügt. *Fecisses* und *mansisses* sind als aus der consecutio temporum fallend schon von Beseler[17] bemängelt worden.

Pomponius, von diesen Zusätzen befreit, sagt daß der Eigentümer die condictio furtiva, die actio ad exhibendum und die actio furti hat, was man nur billigen kann.

> L. 33 D. 12. 6, Iulianus lib. 39 digestorum. Si in area tua aedificassem et tu aedes possideres, condictio locum non habebit, *quia nullum negotium inter nos contraheretur. nam is, qui non debitam pecuniam solverit, hoc ipso aliquid negotii gerit: cum autem aedificium in area sua ab alio positum dominus occupat, nullum negotium contrahit. sed et si is, qui in aliena area aedificasset, ipse possessionem tradidisset, condictionem non habebit, quia nihil accipientis faceret, sed suam rem habere incipiat. et ideo* constat, si quis cum existimaret se heredem esse insulam hereditariam fulsisset, nullo alio modo quam per retentionem impensas servare posse.

Hier fehlt nicht viel, so wird auch die condictio indebiti auf ein Rückgabeversprechen zurückgeführt.

Wenn einer auf des andern Grund gebaut hat, und der andere ist im Besitz, dann soll der eine gegen den andern keine condictio haben. Gemeint ist eine condictio indebiti gleich der in l. 60 D. 30, aus dem selben 39. Buche seiner Digesten, von Julian gegebenen, auf Rückgabe des Grundstücks mit dem Hause darauf, nicht um es zu behalten, sondern nur um es dem Gegner so lange vorzuenthalten, bis dieser die Baukosten ersetzt hätte. Das Haus, wegen dessen Julian in l. 60 D. 30 die condictio indebiti gibt, war der Kläger aus einem Vermächtnis schuldig gewesen und hatte er dem damit Bedachten mancipiert. Er hatte aber versäumt, sich die Baukosten ersetzen zu lassen, die durch Brand des Hauses ihm erwachsen waren, und die er nur durch Zurückhalten des Hauses hätte ersetzt bekommen können. Julian, um ihm doch noch dazu zu verhelfen, gibt ihm die condictio mit der ebenso gewagten wie zweckdienlichen Begründung, durch die vorbehaltlose Erfüllung habe er mehr getan, als er zu tun schuldig gewesen sei[18]. Julian konnte es, weil der Kläger dem Beklagten das Eigentum über-

---

[17] Sav.-Z. 47 S. 365.

[18] Sav.-Z. 18 S. 87. Ciceros Rede pro Q. Roscio S. 33 ff. Bonner Festgabe für Paul Krüger S. 45 ff.

tragen hatte. Ohne Eigentumsübertragung keine condictio. Daß wer von vornherein auf fremdem Grunde gebaut, den Gegner also gar nicht zum Eigentümer hatte machen können, wie in dem Falle der l. 33 D. 12. 6, keine condictio haben konnte, lag für Julian so sehr auf der Hand, daß er kein Wort darüber verloren hat.

Der nachklassische Bearbeiter, der mindestens von *quia* an und bis *et ideo* redet, wenn nicht die ganze l. 33 Paraphrase ist, was ich sehr geneigt bin zu glauben, eine Paraphrase um l. 60 D. 30, ruft die nachklassische Lehre von der Eigentumsübertragung gegen Rückgabeversprechen zu Hilfe. Die condictio indebiti sei deshalb ausgeschlossen, weil kein negotium, d. h. eben keine Eigentumsübertragung gegen Rückgabeversprechen, unter den Parteien zustande gekommen sei. Wer eine Nichtschuld erfülle, der bringe doch wenigstens „etwas von einem negotium" hervor. Die Eigentumsübertragung sei da, will er sagen, es entstehe auch eine Rückgabeverpflichtung: fehle nur das Rückgabeversprechen. Kein Widerspruch, wie Pernice[19] meint, sondern nur mit anderen Worten das selbe gesagt ist es darum auch, wenn in einer andern großenteils unechten Stelle, in l. 13 § 2 D. 13. 6[20], die Verpflichtung des Empfängers einer Nichtschuld eine tacita obligatio genannt wird, die extra id quod ageretur entstehe.

Auch wenn der auf fremdem Grunde gebaut habende selber dem Eigentümer den Besitz übertragen habe, fährt der nachklassische Bearbeiter dann fort, könne er auf keine condictio hoffen. Und kommt jetzt auch ohne die nachklassische Lehre aus: das sei keine Eigentumsübertragung, sagt er nur.

> L. 2 pr. D. 12. 6, Ulpianus lib. 26 ad Sabinum. Si quis sic solvit, ut si apparuisset esse indebitum, *vel Falcidia emerserit,* reddatur, repetitio locum habebit. *negotium enim contractum est inter eos.*

Hier wird die condictio indebiti sogar auf ein wirkliches negotium, Eigentumsübertragung gegen das Versprechen der Rückgabe, zurückgeführt. Es liegt auch wirklich eins vor. Ulpian hatte nicht von Zahlung irgendwelcher Nichtschuld, sondern von der eines nicht geschuldeten Damnationslegats und einer solchen Vereinbarung darüber gehandelt[21]. Und er hatte die condictio indebiti versagen müssen, wegen des aus Gaius 2. 285 bekannten Satzes, und vor habebit ein non geschrieben. Das hat ihm Justinian gestrichen und zu seiner Rechtfertigung die Worte *negotium enim contractum est inter eos* hinzugesetzt. Die Interpolation *vel Falcidia emerserit* ist bekannt.

---

19 Labeo 3 S. 247 Anm. 1.

20 Perozzi, Obbligazioni romane S. 100 Anm. 1. Beseler, Sav.-Z. 44 S. 382.

21 Eisele, Sav.-Z. 35 S. 33 ff.

L. 35 § 3 D. 39. 6, Paulus lib. 6 ad legem Iuliam et Papiam. *Ergo qui mortis causa donat, qua parte se cogitat negotium gerit, scilicet ut cum convaluerit reddatur sibi. nec dubitaverunt Cassiani, quin condictione repeti possit quasi re non secuta: proter hanc rationem, quod ea quae dantur aut ita dantur ut aliquid facias, aut ut ego aliquid faciam, aut ut Lucius Titius, aut ut aliquid obtingat, et in istis condictio sequitur.*

Es sehe nicht aus, sagt Pringsheim[22], als wäre viel Echtes an der Stelle. Ich halte sie für gänzlich unecht. Den Schluß von *propter* an hat schon Pernice[23] als nicht echt erkannt.

Auch wer auf den Todesfall schenkt, nimmt „etwas von einem negotium", Eigentumsübertragung in der Hoffnung auf Rückübertragung, aber ohne Rückgabeversprechen, ein negotium nur von seiner Seite, nur qua parte se cogitat vor.

Die actio praescriptis verbis, so gewiß sie nachklassischen Ursprungs ist, geht zurück auf eine Stelle, in der jedes Wort echt, auch die Worte praescriptis verbis echt sind.

L. 6 C. 2. 4, Alexander. Cum mota inofficiosi querella matrem vestram cum diversa parte transegisse, ita ut partem bonorum susciperet et a lite discederet, proponatis, instaurari quidem semel omissam querellam per vos, qui matri heredes extitistis, iuris ratio non sinit. § 1 Verum si fides placitis praestita non est, in id quod interest diversam partem recte convenietis. aut enim si stipulatio conventioni subdita est ex stipulatu actio competit, aut si omissa verborum obligatio est utilis actio, quae praescriptis verbis rem gestam demonstrat, danda est.

Die Mutter der Anfragenden hat wegen einer Erbschaft die querella inofficiosi testamenti angestellt, sich aber mit dem Testamentserben verglichen. Dieser hat sein Wort nicht gehalten, und die Anfragenden als Erben ihrer Mutter möchte nun die von ihr fallengelassene Querel wieder aufnehmen. Das gehe nicht an, antwortet der Kaiser, wohl aber könnten sie den Testamentserben auf Schadenersatz verklagen. Entweder die Abmachung mit ihm sei durch eine Stipulation bekräftigt worden: dann hätten sie die actio ex stipulatu. Jede Klage wird ja, und so auch diese, wenn es zur Verurteilung kommt, zu einer Klage auf Schadenersatz. Oder die Stipulation sei unterblieben: dann solle ihnen eine zweckdienliche Klage gegeben werden, quae praescriptis verbis rem gestam demonstrat.

---

[22] Sav.-Z. 42 S. 281.

[23] Labeo 3 S. 280 Anm. 1.

Eine solche Klage, heißt das, wie sie, die beiden Formelteile in umgekehrter Reihenfolge aufzählend, Gaius 4. 46 beschreibt, als bei welcher:

> initio formulae nominate eo quod factum est adiciuntur ea verba, per quae iudici damnandi absolvendive potestas tribuitur.

Praescripta verba quae rem gestam demonstrant, das sind ganz einfach die vor der condemnatio, als dem zweiten, die Ermächtigung den Beklagten in id quod interest zu verurteilen enthaltenden Formelteile, stehenden Worte. Actio in id quod interest, quae praescriptis verbis rem gestam demonstrat, das ist ganz einfach die Beschreibung einer formula in factum concepta.

Erst die nachklassische Lehre hat daraus einen Namen für das Monstrum einer civilis in factum actio geschöpft, erst Justinian[24] dieses Monstrum zur actio bonae fidei erhoben, erst Stephanus[25] die dreiteilige, aus demonstratio, incerta intentio und condemnatio bestehende Formel dazu erfunden.

Es folgen ein paar Stellen, in denen die actio praescriptis verbis anerkannt unecht ist.

> L. 33 C. 2. 4, Diocletianus et Maximianus. Si pro fundo quem petebas praedium certis finibus liberum dari transactionis causa placuit, nec eo tempore minor annis viginti quinque fuisti, licet hoc praedium obligatum post vel alienum pro parte fuerit probatum, instaurari decisam litem prohibent iura. § 1. Ex stipulatione sane, si placita servari secuta est, vel si non intercessit, *praescriptis verbis* [IN FACTUM] actione civili subdita apud rectorem provinciae agere potes.

Noch ein Vergleich, der von der Gegenseite nicht gehalten worden ist. Wieder möchte der Anfragende die fallengelassene Klage wieder aufnehmen, wieder wird er auf die Klage aus dem Vergleiche verwiesen, und wieder wird unterschieden, ob stipuliert worden ist oder nicht. Was aber wohl ein Klassiker sich dabei hätte denken können, einer Civilklage die einem ihrer Teile, den praescriptis verbis der Formel, untergeordnet wäre, so fragt De Francisci[26]. Und glaubt nun das ganze Stück vel si non intercessit bis subdita einfach streichen zu dürfen. Wir streichen nur *praescriptis verbis* und setzen dafür in factum. „Wenn die Stipulation unterblieben ist", so antworten in Wahrheit die Kaiser, „dann kannst du statt mit der civilen actio ex stipulatu mit einer actio in factum vorgehen." Subdere bedeutet unterschieben, an eines andern Stelle setzen, und civili ist Dativ.

---

[24] § 28 I. 4. 6.

[25] Schol. 1 Μαθῶν zu Bas. 11. 1. 7 (= l. 7 D. 2. 14), Heimbach 1 S. 560.

[26] Synallagma 1 S. 190.

L. 9 C. 8. 53, Diocletianus et Maximianus. Legem quam rebus tuis donando dixisti, sive stipulatione tibi prospexisti, ex stipulatu, sive non, *incerto* [IN FACTUM] iudicio, *id est praescriptis verbis*, apud praesidem provinciae debes agere, ut hanc impleri provideat.

Eine Schenkung, bei der dem Beschenkten eine nicht näher angegebene Verpflichtung auferlegt worden ist, die er nicht erfüllt hat. Statt *praescriptis verbis* hätten die Kaiser fiduciae iudicio geschrieben, meint Paul Krüger[27]. An Provinzgrundstücken, um die es sich vermutlich handelt, gab es keine fiducia. Beseler[28] will schon von *incerto* an streichen und dafür eo iudicio quo certum petitur setzen. De Francisci[29] möchte wieder, die Kaiser hätten nur von der actio ex stipulatu geredet. Wir streichen *id est praescriptis verbis*, und für *incerto* setzen wir in factum.

Der Schenker oder andere Geber, der entweder auf immer oder nur auf Zeit geben wollte, je nachdem, und der wenn der Fall eintrat etwas Besseres haben wollte, als die actio ex stipulatu, konnte mit dem Empfänger vereinbaren, daß das Eigentum einstweilen bei ihm bleiben und erst wenn die Entscheidung zu gunsten des Empfängers eintrete, auf diesen übergehen solle: was man Eigentum unter aufschiebender Bedingung übertragen nennt. Fiel dann die Entscheidung für den Geber aus, war ihm die rei vindicatio gewiß. Fiel sie für den Empfänger aus, war sie diesem ebenso gewiß. Nur solange die Entscheidung schwebte, war der Empfänger auf den guten Willen des Gebers angewiesen. Denn ob während der Schwebe, wenn der Geber vindicierte, dem Empfänger eine exceptio gegeben wurde, ist sehr die Frage. L. 7 § 3 D. 23. 3, die einzige, die in solchem Falle eine exceptio gibt, ist schwerlich echt.

Wie aber, wenn während der Schwebe der Schenker starb oder geschäftsunfähig wurde? Unter den Juristen war, so scheint es, Streit darüber, ob das Geschäft bestehen blieb, oder nicht. Und wieder einmal sind es Julian und Ulpian, die einander zu widersprechen scheinen.

L. 2 § 5 D. 39. 5, Iulianus lib. 60 digestorum. Si pecuniam mihi Titius dederit absque ulla stipulatione, ea tamen condicione ut tunc demum mea fieret cum Seius consul factus esset, sive furente eo sive mortuo Seius consulatum adeptus fuerit, mea fiet.

Julian, das ist klar, läßt auch wenn der Geber inzwischen gestorben oder geisteskrank geworden ist, bei Eintritt der Bedingung das Eigentum übergehen.

---

27 Addenda zum Codex, S. 516.

28 Beitr. 2 S. 168.

29 a. a. O. S. 261.

L. 9 § 1 D. 23. 3, Ulpianus lib. 31 ad Sabinum. Si res alicui tradidero ut nuptiis secutis dotis efficiantur, et ante nuptias decessero, an secutis nuptiis dotis esse incipiant? et vereor ne non possint *in dominio eius effici, cui datae sunt, quia post mortem incipiat dominium discedere ab eo qui dedit,* quia pendet donatio in diem nuptiarum, et cum sequitur condicio nuptiarum iam heredis dominium est, *a quo discedere rerum non posse dominium invito eo fatendum est. sed benignius est favore dotium necessitatem imponi heredi consentire ei quod defunctus fecit, aut si distulerit vel absit etiam nolente vel absente dominium ad maritum ipso iure transferri, ne mulier maneat indotata.*

Ulpian, so scheint es, ist der entgegengesetzten Ansicht.

Man hat, um dem Widerspruch zu entgehen, in l. 2 § 5 ein non eingeschoben[30]. Doch davon kann nicht die Rede sein, schon aus dem Grunde, weil eine solche Entscheidung nicht zu begreifen wäre. Oder man hat in l. 9 § 1 von et vereor an alles gestrichen[31]. Das geht zu weit. Besser hätte man getan sich zu fragen, ob die beiden Fälle nicht vielleicht verschieden seien. Denn das sind sie, und zwar sehr. In l. 2 § 5 ein wenn auch bedingtes, doch vollendetes einfaches Geschäft unter zwei Personen, einem Schenker und einem Beschenkten. In l. 9 § 1 ein nicht nur bedingtes, sondern auch unvollendetes Doppelgeschäft unter drei Personen, bestehend aus erstens einer nicht nur bedingten, sondern auch unvollendeten Schenkung des Gebers an die Braut, und zweitens einer ebenso nicht nur bedingten, sondern auch unvollendeten Dosbestellung der Braut an den zukünftigen Gatten. Unvollendet beide darum, weil über den Kopf der Braut hinweg zwischen dem Schenker und dem zukünftigen Gatten abgemacht. Erst am Hochzeitstage, mag sie auch unter der Hand schon vorher davon erfahren, wird ihr beides zur Genehmigung vorgelegt werden, und kann darum, wenn der Tod des Schenkers dazwischen kommt, aus der ganzen Sache nichts werden.

Nur so hätte der Schenker sie für seine Erben bindend machen können, wenn er dem zukünftigen Ehemann bedingungslos, aber mit der Bestimmung, daß das Gegebene mit Eingehung der Ehe Dos werden solle, das Eigentum übertragen und ihn so zu seinem Treuhänder gemacht hätte. Erst Justinian hat erlaubt, ihn auch ohne Eigentumsübertragung zum Treuhänder zu machen. Das ist der Sinn des schon von Anton Faber als unecht erkannten letzten Satzes.

Auch *in dominio eius* bis *qui dedit* ist unecht, und *a quo discedere* bis *fatendum est.* Daß sequitur condicio nur dieses eine Mal vorkommt ist kein Grund, schon von et cum sequitur an zu streichen.

---

[30] Enneccerus, Rechtsgeschäft, Bedingung und Anfangstermin S. 481, Vassalli, Bull. dell'Istituto di dir. rom. 27 S. 205.

[31] Haymann, Sav.-Z. 41 S. 95ff. Beseler, Sav.-Z. 45 S. 219.

Mehr Wege standen dem Käufer offen. Er konnte sich die Rückgabe versprechen lassen, nicht nur durch Stipulation, sondern auch ohne solche, und er hatte dann die actio venditi. Er konnte auch mit dem Käufer abmachen, daß das Eigentum einstweilen ihm verbleiben und erst wenn der Fall eintrat auf den Käufer übergehen solle. Und er konnte noch etwas, was kein anderer konnte, aber nur wenn die Sache eine res mancipi oder ein Provinzgrundstück war.

Der Weg sich die Rückgabe versprechen zu lassen, war für den Verkäufer wenig vorteilhaft, und es ist darum kein Wunder, daß sich nur wenige Stellen finden, in denen davon die Rede ist. Es geschah nur, wenn der Käufer sich auf nichts anderes einzulassen brauchte, oder wenn der Verkäufer es nicht besser wußte.

> L. 13 pr. D. 13. 7, Ulpianus lib. 38 ad edictum. Si, cum venderet creditor pignus, convenerit inter ipsum et emptorem, ut, si solverit debitor pecuniam pretii emptori, liceret ei recipere rem suam, scripsit Iulianus et est rescriptum ob hanc conventionem *pigneraticiis actionibus* teneri creditorem, ut debitori mandet ex vendito actionem adversus emptorem. *sed et ipse debitor aut vindicare rem poterit aut in factum actione adversus emptorem agere.*

Der Pfandgläubiger hat das Pfand verkauft und dabei dem Schuldner das Recht vorbehalten, es durch Zahlung dessen was er schuldig gewesen einzulösen oder wieder zu kaufen. Julian gibt ihm die actio venditi, die er dem Schuldner abtreten soll. Der letzte Satz mit der dem Schuldner selber gegen den Käufer gegebenen Vindication und actio in factum ist anerkannt unecht. Auch *pigneraticiis actionibus* ist unecht, so gewiß der Schuldner die actio pigneraticia hat.

Der Pfandgläubiger der das Pfand verkauft will Geld, und das bekäme er nicht, wenn er versuchte dem Schuldner das Eigentum vorzubehalten. Auch hatte Julian eine res nec mancipi als Pfand im Auge, für die anderes nicht in Frage kam.

Die selbe Entscheidung Julians auch in l. 7 pr. D. 20. 5, von Marcian mitgeteilt.

> L. 1 C. 4. 54, Antoninus Claudiae Diotimae. Si ea lege praedium vendidisti, ut nisi intra certum tempus pretium fuisset exsolutum emptrix arras perderet et dominium ad te pertineret, fides contractus servanda est.

Die Anfragende ist Griechin, das Grundstück also in der Provinz gelegen, wo guter Rat teuer ist. Verkauft ist unter dem doppelten Vorbehalte, daß wenn die Käuferin nicht pünktlich zahle sie ihre Anzahlung verlieren und das Eigentum an die Verkäuferin zurückfallen solle. Das erste war in Rom nicht üblich, aber nicht verboten, das zweite nach römischem Recht unmöglich. Die Anfragende hätte eigentlich abgewiesen werden müssen. Der Kaiser ist gütig und legt es anders aus, als hätte der Käufer nur die Verpflichtung übernommen, das Grundstück zurückzugeben. Fides contractus servanda est, d. h., die Vereinbarung wird als Übernahme einer Verpflichtung angesehen, und diese Verpflichtung muß erfüllt werden.

> L. 3 C. 4. 54, Alexander Felici militi. Qui ea lege praedium vendidit, ut nisi reliquum pretium intra certum tempus restitutum esset, ad se reverteretur, si non precariam possessionem tradidit rei vindicationem non habet, sed actionem ex vendito.

Noch so ein Verkauf unter dem nach römischem Recht unmöglichen Vorbehalte, daß wenn der Käufer nicht pünktlich zahle, das Eigentum an den Verkäufer zurückfallen solle. Der Anfragende und vermutliche Verkäufer ist Soldat, sein Standort in der Provinz, das Grundstück ebenda gelegen. Er hat es nicht besser gewußt. Und wieder ist der Kaiser so gütig die Vereinbarung so auszulegen, als hätte der Käufer nur die Verpflichtung übernommen, die Sache zurückzugeben, so daß dem Verkäufer die actio venditi gegeben werden kann. Nur wenn das Grundstück noch gar nicht in Erfüllung des Kaufes übergeben, sondern dem Käufer nur precario überlassen worden wäre, hätte der Verkäufer die rei vindicatio.

> L. 2 C. 4. 54, Alexander Charisio militi. Si fundum parentes tui ea lege vendiderunt ut, sive ipsi sive heredes eorum emptori pretium quandoque vel intra certa tempora obtulissent, restitueretur, teque parato satisfacere condicioni dictae heres emptoris non paret, ut contractus fides servetur actio *praescriptis verbis vel* ex vendito tibi dabitur...

Ein Kauf auf Wiederkauf in der nach römischem Recht möglichen, aber nicht bestmöglichen Gestalt, bei dem der Käufer nur die Verpflichtung übernommen hat, gegen Rückzahlung des Kaufgeldes das gekaufte Grundstück zurückzugeben. Die Rückzahlung ist angeboten, vom Käufer aber zurückgewiesen worden. Wieder ist der Anfragende Soldat, das Grundstück also in der Provinz gelegen. Die Verkäufer, seine Eltern, hätten es besser haben können: sie haben es nicht besser gewußt. So kann der Kaiser nur die actio venditi geben. Die Worte *praescriptis verbis vel* sind als unecht bekannt.

Alle Verkäufe, bei denen dem Käufer eine solche Verpflichtung auferlegt wird, sind im Grunde Verkäufe auf Wiederkauf; nur die Bedingungen sind verschieden. So aufgefaßt steht der Wille die Sache zurückfordern zu können, nicht mit dem Willen Eigentum zu übertragen im Widerspruch. Eine verkaufte Sache zurückkaufen kann man allemal.

Wer besser beraten war als diese Provinzler, der faßte den Vorbehalt für den Fall nicht pünktlicher Zahlung als sogenannte lex commissoria so:

si ad diem pecunia soluta non sit ut fundus inemptus sit[32].

Und den Vorbehalt des Wiederkaufes so:

ut si intra certum tempus soluta fuerit data quantitas sit res inempta[33].

Und den Verkauf unter dem Vorbehalte eines besseren Gebotes als sogenannte in diem addictio so:

ille fundus centum esto tibi emptus, nisi si quis intra kalendas Ianuarias proximas meliorem condicionem fecerit[34].

Und den Vorbehalt für den Fall dem Käufer die Sache nicht gefalle so:

ut si displicuisset intra certum tempus ut res sit inempta[35].

Nur mußte die Sache entweder eine res mancipi oder ein Provinzgrundstück sein.

War die Sache eine res mancipi, durfte sie auch nicht mancipiert, sondern nur übergeben werden. Solange dann die Bedingung schwebte, unter der vereinbart worden war, daß der Kauf als nicht geschlossen gelten solle, war der Käufer des Besitzes der Sache sicher. Gefiel es dem Verkäufer sie vor der Zeit zu vindicieren, was er ja konnte, da er Eigentümer geblieben war, hatte der Käufer die exceptio rei venditae et traditae; denn er hatte „gekauft und übergeben erhalten". Verlor der Käufer während der Zeit den Besitz, hatte er die actio Publiciana. Sobald aber die Bedingung eintrat, war es mit dem „gekauft haben" vorbei, hatte der Käufer die exceptio rei venditae et traditae nicht mehr, hatte die rei vindicatio des Verkäufers wieder freien Lauf. Flickwerk, aber es hielt.

Alles das ist schon von anderen gesagt worden[36]; im einzelnen ist noch manches aufzuklären.

L. 2 D. 18. 2, Ulpianus lib. 28 ad Sabinum. Quotiens fundus in diem addicitur, *utrum* pura emptio est sed sub condicione resol-

---

[32] l. 2 D. 18. 3.

[33] l. 7 C. 4. 54.

[34] l. 1 D. 18. 2.

[35] l. 3 D. 18. 1, l. 2 § 5 D. 41. 4.

[36] Scheurl, Beitr. z. Bearbeitung des röm. Rechts, Bd. 2 Heft 2 S. 232 ff. Czyhlarz, Resolutivbedingungen S. 23 f. u. S. 56. Arthur Kohler, Archiv f. bürgerl. Recht 15 S. 12 ff.

vitur, *an vero condicionalis sit magis emptio, quaestionis est. et mihi videtur verius interesse quid actum sit. nam si quidem hoc actum est, ut meliore allata condicione discedatur, erit pura emptio quae sub condicione resolvitur: sin autem hoc actum est ut perficiatur emptio nisi melior condicio offeratur, erit emptio condicionalis.* § 1. *Ubi igitur secundum quod distinximus pura venditio est,* Iulianus scribit hunc cui res in diem addicta est et usucapere posse et fructus *et accessiones* lucrari, et periculum ad eum pertinere *si res interierit.*

Beseler[37] streicht von *utrum* bis *venditio est* so viel, daß nur die Worte *quaestionis est quid actum sit,* Longo[38] so viel, daß nur die Worte *et mihi videtur verius interesse,* seltsam in der Luft hängend, übrigbleiben. Beide stoßen sie sich mit Recht an dem Wechsel des Modus und andern Mängeln. Wir ziehen aus demselben Grunde vor, das im Indikativ geschriebene pura emptio est sed sub condicione resolvitur als echt stehen zu lassen, also zunächst nur das *utrum* zu streichen und erst von *an vero* das übrige. Auch *et accessiones* streichen wir und *si res interierit,* beides mit Beseler. Eine Geschäftsformel, die so mangelhaft abgefaßt ist, daß der eine das, der andere das gerade Gegenteil herauslesen kann, eine solche den Klassikern zuzutrauen, grenzt an Majestätsbeleidigung.

Ulpian, von diesen Zusätzen befreit, sagt daß der unter solchem Vorbehalte eingegangene und versteht sich durch Übergabe vollzogene Kauf nur den einen Sinn hat, sogleich wirksam werden, aber mit Eintritt der Bedingung unwirksam werden zu sollen. Solange die Bedingung schwebt, sollen dem Käufer die Früchte der Sache zukommen und soll er die Sache ersitzen können. Daß Ulpian ihm ebenso lange auch die exceptio rei venditae et traditae und die actio Publiciana gegeben, sobald aber die Bedingung eintrat, beides versagt hat, versteht sich von selber.

L. 2 § 4 D. 41.4, Paulus lib. 54 ad edictum. Si in diem addictio facta sit, *id est nisi si quis meliorem condicionem attulerit,* perfectam esse emptionem et fructus emptoris effici et usucapionem procedere Iulianus putabat. *alii et hanc sub condicione esse contractum, ille non contrahi sed resolvi dicebat,* quae sententia vera est.

Die Worte *id est* bis *attulerit* sind anerkannt Glosse, die Worte *alii* bis *dicebat* stilistisch so mangelhaft, daß sie nicht echt sein können.

Gleich Ulpian so lehrt auch Paulus, daß ein solcher Kauf sofort

---

[37] Beitr. 1 S. 85. Sav.-Z. 54 S. 7f.

[38] Bull. dell'Istituto di dir. rom. 31 S. 44.

wirksam sei, daß die während der Schwebe gezogenen Früchte dem Käufer gebühren, und daß der Käufer die Sache ersitzen könne. Alles weitere versteht sich von selbst.

> L. 1 D. 18. 3, Ulpianus lib. 28 ad Sabinum. Si fundus commissoria lege venierit, magis est ut sub condicione resolvi emptio, quam sub condicione contrahi videatur.
>
> L. 3 D. 18. 1, Ulpianus lib. 28 ab Sabinum. Si res ita distracta sit „ut si displicuisset inempta sit", constat non esse sub condicione distractam, sed resolvi emptionem sub condicione.
>
> L. 2 § 5 D. 41. 4, Paulus lib. 54 ad edictum. Sed et illa emptio pura est, ubi convenit „ut si displicuerit intra diem certum inempta sit".

Auch ein Kauf mit lex commissoria, sagt Ulpian, auch ein Kauf unter der Bedingung, daß die nicht gefallende Sache als nicht gekauft gelten solle, sagen Ulpian und Paulus, sei sogleich wirksam: sobald aber die Bedingung eintrete, sei es damit vorbei. Das weitere versteht sich von selber.

> L. 2 § 3 D. 41. 4, Paulus lib. 54 ad edictum. Sabinus, si sic empta sit, ut „nisi pecunia intra diem certum soluta esset inempta res fieret", non usucapturum nisi persoluta pecunia. *sed videamus utrum condicio sit hoc an conventio. si conventio est magis resolvetur quam implebitur.*

Von *sed videamus* an anerkannt unecht. Man hat Sabinus immer falsch verstanden, als hätte er den Kauf mit lex commissoria anders beurteilt als Julian, Ulpian und Paulus: nicht wie jene als sogleich wirksam, aber unter der Bedingung nicht pünktlicher Zahlung auflösbar, sondern als durch pünktliche Zahlung aufschiebend bedingt. Schon die Basiliken verstehen ihn so. Die lex commissoria lautet doch anders: nicht „nisi ad diem certum pecunia soluta sit ut fundus inemptus sit", sondern „si ad diem certum pecunia soluta non sit". Nisi und si non ist nicht das selbe, wie man wohl meint[39]. „Es ist oft gleichgültig", so lehrt Zumpt[40], „ob man sich auf die eine oder die andere Art ausdrückt, aber der Unterschied ist doch wesentlich. Zum Beispiel, wenn ich sage, impune erit si pecuniam promissam non dederitis, so soll in diesem Falle die sonst gewöhnliche Strafe nicht folgen. Dagegen impune erit nisi pecuniam promissam dederitis, es soll ungestraft hingehen, außer wenn ihr Zahlung geleistet habt." Also wird auch wenn der Römer sagt, si intra diem certum pecunia soluta non sit ut fundus inemptus sit, im Falle nicht pünktlicher

[39] Longo, Bull. 31 S. 46.
[40] Zumpt, Lat. Grammatik § 343.

Zahlung die sonst und bis dahin gekaufte Sache nicht mehr gekauft sein, der unter solchem Vorbehalt eingegangene Kauf also unbedingt, aber unter dieser Bedingung auflösbar sein. Dahingegen wenn er sagt, nisi intra certum diem pecunia soluta sit ut fundus inemptus sit, die Sache außer im Falle, und darum bis zu dem Falle pünktlicher Zahlung nicht gekauft sein, der unter solchem Vorbehalt eingegangene Kauf also aufschiebend bedingt sein wird. Eben das ist es, was Sabinus sagt.

So würde auch, wenn die in diem addictio so lautete: ille fundus esto tibi emptus, si intra kalendas Ianuarias proximas melior condicio allata non fuerit, die Sache nur wenn kein besseres Gebot einginge gekauft, der Kauf durch das Nichteintreffen eines besseren Gebotes aufschiebend bedingt sein. Dagegen ille fundus esto tibi emptus nisi si quis intra kalendas Ianuarias proximas meliorem condicionem fecerit: wenn die Formel so lautet, die Folge keine andere sein kann, als daß außer im Falle und darum bis zu dem Falle eines besseren Gebots die Sache gekauft sein, der unter solchem Vorbehalt eingegangene Kauf also unbedingt, aber unter dieser Bedingung auflösbar sein wird.

Der nachklassische Bearbeiter, der die in diem addictio zweideutig findet, verwechselt nisi und si non. Er glaubt zu sehen, daß aus der selben lex commissoria der eine Klassiker das herausliest, der andere das gerade Gegenteil, und überträgt es auf die in diem addictio. Und er ist nun auch selber, wenn er eines der beiden Worte in den Mund nimmt, in Gefahr das Gegenteil von dem zu sagen, was er sagen will. Wenn *hoc actum est ut perficiatur emptio nisi melior condicio offeratur*, dann ist nicht *emptio condicionalis*, wie er meint und sagt, sondern pura emptio quae sub condicione resolvitur.

Auch den verstehen wir jetzt, der zu l. 2 § 3 D. 41. 4 hinzusetzt: *alii et hanc sub condicione esse contractam, ille non contrahi sed resolvi dicebat.* Und zu l. 2 § 4 eod.: *sed videamus utrum condicio sit hoc an conventio: si conventio est magis resolvetur quam implebitur.* Allemal ist es ein nisi das den Zweifel hervorruft, und nicht der Klassiker, dem er aufsteigt.

Auch den verstehen wir, der in l. 1 D. 18. 3 und in l. 3 D. 18. 1, obwohl kein nisi dazu Anlaß gibt, vor solchem Zweifel zu warnen scheint. In l. 1 das constat und in l. 3 das magis est sind nicht unverdächtig.

> L. 4 pr. D. 18. 2, Ulpianus lib. 28 ad Sabinum. *Ubi autem condicionalis venditio est,* negat Pomponius usucapere eum posse nec fructus ad eum pertinere.

Der Anfang ist anerkannt unecht[41]. Auch Pomponius hat man miß-

[41] Beseler, Beitr. 1 S. 85. Longo, Bull. 31 S. 44.

verstanden, und wegen dieses Anfanges mißverstehen müssen: als habe er die in diem addictio nicht als unbedingten, durch das Eintreffen eines besseren Gebotes auflösbaren, sondern als durch das Nichteintreffen eines solchen aufschiebend bedingten Kauf angesehen. Pomponius wird ebenso wie Sabinus eine abweichende Formel vorgelegt, und Ulpian etwa so geschrieben haben:

> Si quis sic emerit, „si intra kalendas Ianuarias proximas melior condicio allata non fuerit", negat Pomponius usw.
>
> L. 4 § 5 D. 18. 2, Ulpianus lib. 28 ad Sabinum. *Cum igitur tunc recedatur ab emptione (ubi pure contrahitur), vel tunc non impleatur (ubi sub condicione fit) cum melior condicio sit allata:* si falsus emptor subiectus sit, eleganter scribit Sabinus priori rem esse emptam, quia non videtur melior condicio allata esse *non existente vero emptore . . .*

Der Anfang bis *sit allata* ist als unecht bekannt. Auch *non existente vero emptore* mag unecht, Glosse sein[42]. Die Frage, ob ein besseres Gebot vorliege oder nicht, wird von Sabinus damit beantwortet, daß er sagt, wer nun der Käufer sei. Ähnlich in l. 11 und l. 14 § 1 eod. Daraus darf man nicht schließen, daß nach des Sabinus Meinung ein solcher Kauf nicht sofort wirksam, sondern durch das Nichteintreffen eines besseren Gebotes aufschiebend bedingt sei[43]. Das um so weniger, als Ulpian die Antwort des Sabinus zu der seinigen macht, und als in l. 11 pr. Julian durch das bessere Gebot die Sache a venditore discedere läßt, was ebenso ausgelegt Julian in Widerspruch mit sich selber brächte. Es ist nur die einfachste Art zu sagen, wem die Sache endgültig gehört.

> L. 4 § 3 D. 18. 2, Ulpianus lib. 28 ad Sabinum. Sed et Marcellus libro quinto digestorum scribit, *pure vendito et* in diem addicto fundo si melior condicio allata sit, rem pignori esse desinere si emptor eum fundum pignori dedisset. *ex quo colligitur quod emptor medio tempore dominus est: alioquin nec pignus teneret.*

Die Worte *pure vendito et* und der ganze letzte Satz sind unecht[44]. Solange die Bedingung der in diem addictio schwebt, hat der Käufer die Sache in bonis und kann er sie verpfänden. Sobald aber die Bedingung eintritt und sich herausstellt, daß er sie gar nicht in bonis gehabt hat, muß das Pfandrecht weichen.

> L. 3 D. 20. 6, Ulpianus lib. 8 disputationum. Si res distracta fuerit sic, „nisi intra certum diem meliorem condictionem in-

---

[42] Beseler, Beitr. 1 S. 85. Longo, Bull. 31 S. 45.
[43] Longo a. a. O. S. 42.
[44] Beseler, Beitr. 1 S. 87, Sav.-Z. 54 S. 8f.

venisset", fueritque tradita et forte emptor antequam melior condicio offerretur hanc rem pignori dedisset, Marcellus libro quinto digestorum ait finiri pignus si melior condicio fuerit allata: *quamquam ubi sic res distracta est, nisi emptori displicuisset, pignus finiri non putet.*

Der selbe Fall noch einmal. Der Stil läßt zu wünschen übrig, und die Stelle mag gänzlich unecht sein[45]. Sicher unecht ist sie von *quamquam* an, das eine gegensätzliche Entscheidung eines sonst gleichen Falles erwarten läßt[46]. Er ist aber grundverschieden: nicht wie im ersten Falle der Eintritt der Bedingung das Pfandrecht unmöglich machend, sondern umgekehrt der Eintritt der Bedingung das Pfandrecht. Richtig entschieden ist er. Der Käufer auf Probe, der die Sache verpfändet, tut was er nur darf, wenn er sie behalten will.

L. 4 C. 4. 54, Alexander A. Claudio Iuliano et Proculiano. Commissoriae venditionis legem exercere non potest, qui post praestitutum pretii solvendi diem non vindicationem rei eligere, sed usurarum pretii petitionem suqui maluit.

Da haben wir auch die rei vindicatio, die dem Verkäufer wieder zur Verfügung steht, nachdem die Bedingung eingetreten und die exceptio rei venditae et traditae weggefallen ist. Nur daß er in vorliegendem Falle darauf verzichtet hat, indem er die Zinsen des Kaufpreises gefordert hat. Nichts verkehrter, als daß l. 4 mit l. 1 und l. 3 desselben Titels in Widerspruch stehe. In l. 4 ist unter der Abrede verkauft, daß wenn der Käufer nicht pünktlich zahle, das Grundstück als nicht gekauft gelten solle: nur das nennt sich lex commissoria. In l. 1 und in l. 3 hat für denselben Fall der Käufer nur die Verpflichtung übernommen, das Eigentum zu übertragen: das ist etwas ganz anderes. Schon die Glosse weiß das[47].

Wie aber, wenn der Verkäufer dem Käufer Zeit gelassen hatte, die Sache zu ersitzen? Man könnte meinen, dann sei nichts anderes übriggeblieben, als den Vorbehalt so auszulegen, als hätte der Käufer nur die Verpflichtung übernommen, den Kauf rückgängig zu machen. So ist es aber nicht. Hatte sich herausgestellt, daß die Sache nicht gekauft worden war, so hatte sich auch herausgestellt, daß sie nicht ersessen worden war, und der rei vindicatio stand nichts im Wege.

Und wie, wenn die Sache nec mancipi war, so daß mit deren Übergabe das Eigentum unwiderruflich überging? Dann allerdings blieb

---

[45] Beseler a. a. O. S. 15.

[46] Fitting, Z. f. Handelsrecht 2 S. 251.

[47] Gl. pertineret zu l. 1 C. 4. 54. Gl. vindicationem zu l. 3 eod. Gl. non vindicationem zu l. 4 eod.

nichts anderes übrig, als die Vorbehalte so auszulegen, als hätte der Käufer nur eine Verpflichtung übernommen.

Eine Ausnahme machten, wie gesagt, Provinzgrundstücke.

War ein Provinzgrundstück unter einem dieser Vorbehalte verkauft, traf es sich gut, daß für dessen Vindication eine besondere Formel vorgeschrieben war, die nicht wohl anders als in factum gefaßt sein konnte und vermutlich so lautete:

> Si fundum quo de agitur A. Agerius emit et is ei traditus est, neque is fundus A. Agerio restituetur usw.

Die Folge war, daß wenn das Grundstück unter einem dieser Vorbehalte verkauft war, der Vorbehalt seine volle Wirkung hatte. Solange die Bedingung schwebte, hatte die Vindication des Verkäufers die exceptio rei venditae et traditae des Käufers gegen sich und hatte der Käufer die Vindication; denn er hatte „gekauft und übergeben erhalten". Sobald aber die Bedingung eintrat, war es damit vorbei, hatte die Vindication des Verkäufers wieder freien Lauf, hatte der Käufer keine Vindication mehr.

Das sagt und so erklärt sich eine vielbesprochene Stelle.

> L. 41 pr. D. 6. 1, Ulpianus lib. 17 ad edictum. *Si quis hac lege emerit, ut si alius meliorem condicionem attulerit recedatur ab emptione, post allatam condicionem iam non potest in rem actione uti.* sed et si cui in diem addictus sit fundus, antequam adiectio sit facta, uti in rem actione potest, postea non poterit.

Daß Ulpian in seinem 17. Buche, aus dem die Stelle entnommen ist, von der Vindication der Provinzgrundstücke gehandelt hat, ist bekannt[48]. Die Stelle sagt zweimal das selbe, so scheint es. Aber nur der zweite Satz kann von Ulpian sein. Der erste redet die selbe Sprache wie der unechte Anfang der l. 4 § 5 D. 18. 2. Der Vorbehalt in solche Worte gekleidet, konnte zu Ulpians Zeit niemals diese Wirkung haben: nur den Käufer verpflichten konnte er, den Kauf rückgängig zu machen. Justinian, der Ulpian so reden läßt, scheint sagen zu wollen, daß es auf die Worte nicht ankomme, wenn nur der Wille erhelle, dem Verkäufer den Rücktritt vorzubehalten, daß es aber selbstverständlich nicht schade, wenn formgerecht in alter Weise in diem addiciert worden sei.

Daß in der Tat die actio in rem wegen eines Provinzgrundstückes so formuliert war, wird bestätigt durch l. 41 § 1 eod.

> Si servus mihi *vel filius familias* fundum vendidit et tradidit habens liberam peculii administrationem, in rem actione uti potero. *sed et si domini voluntate domini rem tradat, idem erit dicen-*

---

[48] Lenel, Edictum perp. § 71.

dum. quemadmodum, cum procurator voluntate domini vendidit vel tradidit, in rem actionem mihi praestabit.

Im ersten Satze die Worte *vel filius familias* sind eingeschoben[49]. Gänzlich unecht scheint der zweite Satz zu sein: *tradat* müßte heißen vendat et tradat, *vendidit vel tradidit* müßte heißen vendidit et tradidit.

Ulpian erläutert die Worte emit et is ei traditus est der Formel. Hier erhebt sich die Frage, ob sie nicht noch einen Zusatz haben mußten, der zu dieser Auslegung nötigte, indem er den Erwerb von einem Berechtigten zur Bedingung machte. Doch wohl nicht. Verkaufen ohne zu übergeben konnte jeder, der sich verpflichten konnte, verkaufen und übergeben konnte nur der Besitzer oder wer vom Besitzer Erlaubnis hatte. Verkaufen und übergeben konnte freilich auch jeder Besitzer, ob er Eigentümer war oder nicht. Die Vindication eines Provinzgrundstückes muß rei vindicatio und actio Publiciana zugleich gewesen sein.

Um Provinzgrundstücke, die unter einem solchen Vorbehalt verkauft sind, handelt es sich auch in folgenden Stellen.

> L. 8 D. 18. 3, Scaevola lib. 7 digestorum. Mulier fundos Gaio Seio vendidit et acceptis arrae nomine certis pecuniis statuta sunt tempora solutioni reliquae pecuniae: quibus si non paruisset emptor pactus est ut arram perderet et inemptae villae esent. die statuto emptor testatus est se pecuniam omnem reliquam paratum fuisse exsolvere, et sacculum cum pecunia signatorum signis obsignavit, defuisse autem venditricem, posteriore autem die nomine fisci testato conventum emptorem ne ante mulieri pucuniam exsolveret quam fisco satisfaceret. quaesitum est, an fundi non sint in ea causa, ut a venditrice vindicari debeant *ex conventione venditoris*. respondit secundum ea quae proponerentur non commisisse in legem venditionis emptorem.

Die Worte *ex conventione venditoris* sind wohl Glosse. Es müßte heißen venditricis.

Auf die Provinz als Ort der Grundstücke und des Geschäfts deutet die in Rom nicht übliche Abrede, daß die Anzahlung dem Käufer verloren sein solle, wenn er nicht pünktlich zahle[50], eben dahin der für den Fiskus, vermutlich wegen Grundsteuern, auf die Forderung der Verkäuferin gelegte Arrest[51], eben dahin, daß Scävola als Respondent

---

[49] Solazzi, Rendiconti del R. Istituto Lombardo di scienze e lettere 56 S. 142 Anm. 2.

[50] Pringsheim, Sav.-Z. 50 S. 406.

[51] Wieacker, Lex commissoria S. 81.

von Provinzialen gesucht gewesen zu sein scheint[52]. Die Verkäuferin, obwohl Provinzlerin, ist gut beraten gewesen. Sie hat formgerecht ausgemacht, daß der Kauf als nicht geschlossen gelten solle, wenn der Käufer nicht pünktlich zahle. Denn daß erst die Compilatoren die lex commissoria hineingedeutet oder gar „hineingefälscht" hätten[53], davon kann keine Rede sein. Die Verkäuferin weiß auch, daß wenn die Bedingung eingetreten ist, sie die Grundstücke vindicieren kann. Die Bedingung ist nur nicht eingetreten.

> L. 7 C. 4. 54, Diocletianus et Maximianus Fabiano Musco. Si a te comparavit is cuius meministi, et convenit ut si intra certum tempus soluta fuerit data quantitas sit res inempta, remitti hanc condicionem rescripto nostro non iure petis. sed si se subtrahat ut iure dominii eandem rem retineat, denuntiationis et obsignationis depositionisque remedio contra fraudem potes iuri tuo consulere.

Auf die Provinz als Ort des Geschäfts deutet der Name der Kaiser, daß es sich um ein Grundstück handele, darf man vermuten. Verkauft ist es auf Wiederkauf unter der Bedingung, daß wenn innerhalb einer bestimmten Zeit der Verkäufer das Geld zurückzahle, der Kauf als nicht geschlossen gelten solle. Der Verkäufer ist zu zahlen bereit, aber der Käufer weicht ihm aus: ut iure dominii rem retineat. Das heißt, um den Eintritt der Bedingung zu verhindern, der ihn um die exceptio rei venditae et traditae bringt und seinem Eigentum ein Ende macht.

Mit der Vindication bekam der Verkäufer nur die Sache zurück, res mancipi sowohl als Provinzgrundstück, nicht auch die Früchte der Zwischenzeit. Die waren Eigentum des Käufers geworden und blieben es, mit mindestens dem selben Rechte, mit dem auch der gutgläubige Besitzer Eigentümer der Früchte wurde und blieb. Wollte der Verkäufer auch die Früchte haben, wie war ihm da zu helfen? Und wie, wenn er einen Schaden ersetzt haben wollte, für den er den Käufer verantwortlich machte? Doch nicht mit der actio ex vendito? Aus einem Kaufe, der kein Kauf war?

> L. 5 pr. D. 18. 3, Neratius lib. 6 membranarum. Lege fundo vendito dicto, ut si intra certum tempus pretium solutum non sit res inempta sit, de fructibus quos interim emptor percepisset *hoc agi intellegendum est, ut emptor interim eos sibi suo quoque iure perciperet: sed* si fundus revenisset Aristo existimabat venditori *de his* iudicium in emptorem dandum esse, *quia nihil penes eum residere oporteret ex re in qua fidem fefellisset.*

---

[52] Paul Krüger, Geschichte der Quellen und Literatur des röm. R. S. 217.

[53] Wieacker a. a. O. S. 7, S. 79ff.

Die Worte *hoc agi intellegendum est* bis *perciperet sed,* schon von Beseler[54] bemängelt, sind offensichtlich Paraphrastenwerk, und mit ihnen *de his.* Auch von *quia* bis zu Ende ist es schwerlich der Klassiker, der redet.

Aristo sagt nicht, was für ein iudicium gegeben werden solle, meint aber ohne Zweifel ein in factum iudicium.

> L. 14 § 1 D. 18. 2, Paulus lib. 5 ad Sabinum. Sed si emptor alium non idoneum subiecit eique fundus addictus est, non video, inquit, quemadmodum priori sit emptus, cum alia venditio et vera postea subsecuta sit. *sed verum est venditorem deceptum ex vendito actionem habere cum priore emptore, quanti sua intersit id non esse factum. per quam actionem et fructus quos prior emptor percepit et quo deterior res culpa vel dolo malo eius facta sit recipiat venditor.* et ita Labeoni et Nervae placuit.

Daß Ulpian dem Verkäufer, der keiner ist, die actio venditi gibt und wie er dazu kommt, werden wir alsbald erfahren, und von Paulus dürfen wir es erwarten. Daß aber schon Sabinus, Labeo und Nerva so weit gegangen sein sollen, da doch noch Aristo ein in factum iudicium für nötig hält, ist mehr als unwahrscheinlich. Beseler[55] streicht *ex vendito* und setzt dafür de dolo, und darf nun auch *per quam actionem et fructus quos prior emptor perceperit* usw. bis *recipiet venditor* streichen. Auch *verum est* streicht er, das manchmal unecht ist. Ist es das aber, dann tut man besser, schon von *sed verum est* an und in einem Zuge bis *recipiet venditor* zu streichen. Nur kein Kurieren auf das Symptom.

> L. 6 pr. D. 18. 2, Ulpianus lib. 28 ad Sabinum. Item quod dictum est fructus interea captos emptorem *priorem* sequi, totiens verum est quotiens nullus emptor existit qui meliorem condicionem adferat, *vel falsus exsistit. sin vero extitit emptor posterior, fructus refundere priorem debere constat, sed venditori.* et ita Iulianus libro quadragensimo octavo digestorum scripsit.

Mit Beseler[56] fast die ganze Stelle zu verwerfen, ausgenommen den letzten Satz, das geht zu weit. Aber *priorem* ist recht überflüssig, und den Fall, wenn ein falscher Käufer untergeschoben wird, hat Ulpian schon in l. 4 § 5 eod. erledigt, *sin vero* und *constat* sind auch nicht unverdächtig, und auch *refundere* verdächtigt Beseler nicht mit Unrecht. Daß schon Julian die actio venditi gegeben habe, ist wenn man weiß woher Ulpian den Mut hat sie zu geben recht unwahrscheinlich,

---

[54] Sav.-Z. 43 S. 436, 54 S. 12.
[55] Tijdschrift voor Rechtsgeschiednis 8 S. 292.
[56] Beitr. 3 S. 149, Sav.-Z. 43 S. 434f.

Noch zweimal, in l. 4 § 4 D. 18. 2 und l. 11 § 10 D. 43. 24, scheint Ulpian zu sagen, Julian habe die actio venditi gegeben. Aber gewiß ist es nicht zu kühn, mit Beseler[57] die beiden mit sed eam beginnenden Schlußsätze für unecht zu erklären.

> L. 6 § 1 D. 18. 1, Pomponius lib. 9 ad Sabinum. Si fundus annua bima trima die ea lege venisset, ut si in diem statutum pecunia soluta non esset fundus inemptus foret, et ut, si interim emptor fundum coluerit fructusque ex eo perceperit, inempto eo facto restituerentur, *et ut quanti minoris postea alii venisset ut id emptor venditori praestaret:* ad diem pecunia non soluta placet venditori ex vendito eo nomine actionem esse. *nec conturbari debemus, quod inempto fundo facto dicatur actionem ex vendito futuram esse: in emptis enim et venditis potius id quod actum quam quod dictum sit sequendum est, et cum lege id dictum sit, apparet hoc dumtaxat actum esse, ne venditor emptori pecunia ad diem non soluta obligatus esset, non ut omnis obligatio empti et venditi utrique solveretur.*

Wenn der Verkäufer sich die Früchte ausdrücklich hat versprechen lassen, dann allerdings kann man sagen, daß er ihretwegen sich alle Rechte aus dem Kaufe vorbehalten habe, auch wenn dieser nachher aufgelöst würde, und daß er dann die actio venditi haben müsse. Das liegt so nahe, daß nur ein nachklassischer Bearbeiter sich gedrungen gefühlt haben kann, es mit so vielen Worten, *von nec conturbari debemus* bis zu Ende, zu rechtfertigen. Auch *et ut quanti minoris* bis *praestaret* ist unecht: *quanti* statt quanto und ein *ut* zu viel[58].

> Vat. fr. 14, Papinianus lib. 3 responsorum. Lege venditionis inempto praedio facto fructus interea perceptos iudicio venditi restitui placet, quoniam eo iure contractum in exordio videtur: sicuti in pecunia quanto minoris venierit ad diem pretio non soluto. cui non est contrarium, quod iudicium ab aedilibus in factum de reciperando pretio mancipii redditur quia displicuisse proponitur: quod non erit necessarium si eadem lege contractum ostendatur.

Der Tatbestand fehlt, vermutlich ein Kauf mit lex commissoria. Einen Kauf auf Probe anzunehmen, wie kürzlich vorgeschlagen worden[59], ist zu kostspielig. Die Worte sicuti in pecunia quanto minoris venierit ad diem pretio non soluto sollen unecht, und das Ende ein

---

[57] Beseler, Beitr. 3 S. 149f., Sav.-Z. 43 S. 435, 45 S. 466, Tijdschrift voor Rechtsgeschiednis 8 S. 291f.

[58] Beseler, Sav.-Z. 43 S. 436, Tijdschrift 10 S. 170, 183, Sav.-Z. 54 S. 6f. Stoll, Sav.-Z. 47 S. 523. Guarneri-Citati, Bull. 33 S. 219 Anm. 1. Wieacker, Lex commissoria S. 71.

[59] Levy, Symbolae Friburgenses in honorem O. Lenel S. 129ff.

Kauderwelsch sein. Wir bleiben bei dem Kaufe mit lex commissoria, unter der zusätzlichen Abrede jedoch, daß wie der Verkäufer die Anzahlung zurückzahlen, so der Käufer die Früchte zurückvergüten und auch den Schaden ersetzen solle, den der Verkäufer erleiden würde, wenn er wegen nicht pünktlicher Zahlung zu geringerem Preise anderweit verkaufen müßte. Es handelt sich nur um die Früchte. Papinian gibt die actio venditi, da es von vornherein bei Eingehung des Kaufes so vereinbart worden sei; wie auch daß der Käufer etwaigen Schaden ersetzen solle. Dem widerspreche auch nicht, sagt er, das iudicium in factum auf Rückzahlung des Kaufpreises eines auf Probe verkauften Sklaven, das die Ädilen dem zurücktretenden Käufer geben. Wenn unter selbigem Vorbehalt „contrahiert", d. h. die Rückzahlung des Preises vereinbart worden sei, sei das iudicium in factum entbehrlich.

L. 4 pr. D. 18. 3, Ulpianus lib. 32 ad edictum. Si fundus lege commissoria venierit, *hoc est ut nisi intra certum diem pretium sit exsolutum inemptus fieret,* videamus quemadmodum venditor agat tam de fundo quam de his quae ex fundo percepta sint, *itemque si deterior fundus effectus sit facto emptoris. et quidem finita est emptio:* sed iam decisa quaestio est ex vendito actionem competere, ut rescriptis imperatoris Antonini et divi Severi declaratur.

Unecht und als unecht bekannt sind die Worte *hoc est ut nisi intra certum diem pretium sit exsolutum inemptus fundus fieret.* Sie sind es um so gewisser, als die lex commissoria gar nicht so lautet, nicht wie hier mit nisi, sondern mit si non. Unecht sind auch die Worte *itemque si deterior fundus effectus sit facto emptoris:* effectus facto, wie unschön. Unecht und als unecht bekannt ist auch *et quidem finita est emptio*[60]. Was darauf folgt ist tadellos. Wir sehen da, wie schließlich kaiserliche Rescripte dem Notstande ein Ende gemacht und auch wenn die Herausgabe der Früchte nicht ausdrücklich versprochen worden war, die actio venditi gegeben haben. Und vermuten dürfen wir, daß in der Lücke davor Ulpian als das Mittel das Grundstück wiederzubekommen die rei vindicatio genannt, auch warum es so lange Zeit als ausgeschlossen gegolten habe, ohne besonderes Rückgabeversprechen wegen der Früchte die actio venditi zu geben, dargelegt hat. So wie die Stelle lautet, will sie nicht etwa die rei vindicatio wegen der Sache abschaffen, sondern nur die actio venditi auch wegen der Sache geben.

L. 16 D. 18. 2, Ulpianus lib. 32 ad edictum. Imperator Severus rescripsit, sicut fructus in diem addictae domus, cum melior con-

---

60 Beseler, Sav.-Z. 43 S. 436. Stoll, Sav.-Z. 47 S. 523. Albertario, Rivista dir. comm. 27. 1 S. 261. Wieacker, Lex commissoria S. 56 u. 71.

dicio fuerit allata, venditori restitui necesse est, ita rursus quae prior emptor medio tempore necessario probaverit erogata, de reditu retineri, *vel si non sufficiat solvi,* aequum est. *et credo sensisse principem de empti venditi actione.*

Erklärt sich selber. Die Interpolationen sind bekannt.

Nicht immer darf der Verkäufer die Früchte ersetzt verlangen. Nicht, zum Beispiel, wenn auf Wiederkauf verkauft worden ist, in welchem Falle der Kauf tatsächlich eine Art Darlehen ist, unter Verpfändung der Sache, und der Käufer die Früchte statt der Zinsen genießt. Eine Entscheidung liegt nur vor für den Fall, wenn der Käufer nur die Verpflichtung übernommen hat gegen Rückzahlung des Kaufgeldes die Sache zurückzugeben. L. 2 C. 4. 54 gibt in solchem Falle die actio venditi nur habita ratione eorum quae post oblatam ex pacto quantitatem ex eo fundo ad adversarium pervenerunt: wegen der bis dahin gezogenen Früchte also nicht.

Versteht sich auch, daß von vornherein eine Vergütung festgesetzt werden kann, gegen die der Käufer die Früchte behalten darf, auch wenn er sie sonst herausgeben müßte, am besten in Gestalt eines Pachtzinses[61].

Einen besonderen Fall hat Justinian hinzugefügt.

> L. 4 § 1 D. 18. 3, Ulpianus lib. 32 ad Sabinum. Sed quod ait Neratius habet rationem, ut interdum fructus emptor lucretur, cum pretium quod numeravit perdidit: igitur sententia Neratii tunc habet locum, quae est humana, quando emptor aliquam partem pretii dedit.

Die Stelle ist so gut wie gänzlich unecht[62]. Wenn mit der lex commissoria die andere Abrede verbunden ist, daß der säumige Käufer auch die Anzahlung verlieren solle, erlaubt Justinian ihm die Früchte zu behalten.

XI. Die Mancipation

Was die Klassiker die mancipatio nennen, hatte ursprünglich den Namen nexum und diente dazu, den Kauf gewisser Sachen, der später sogenannten res mancipi, in bindender Weise zu vollziehen.

Um Eigentümer der gekauften Sache zu werden, genügte es nicht, wenn der Käufer sie irgendwie übergeben erhielt. Käufer und Verkäufer mußten zusammenkommen, auch fünf Zeugen mußten zugegen sein, und noch einer, der eine kupferne Waage bereitzuhalten

---

61 l. 20 § 2, l. 21, l. 22 pr. D. 19. 2.

62 Paul Krüger, Festschrift für Bekker, Aus römischem und bürgerlichem Recht, S. 18. Beseler, Sav.-Z. 43 S. 436. Wieacker a. a. O. S. 39ff.

hatte. Auch die gekaufte Sache, aber nur wenn sie eine bewegliche war, mußte zur Stelle sein. Auch der in ungemünztem Kupfer bestehende Kaufpreis mußte abgewogen bereit liegen. Von diesem abgewogen bereitliegenden Kupfer mußte der Käufer ein Stück in die Hand nehmen, mußte, wenn die Sache eine bewegliche war, auch sie mit der Hand ergreifen, mußte bestimmte vorgeschriebene Worte sprechen, mußte mit dem Stück Kupfer die von dem sogenannten libripens bereitgehaltene kupferne Waage berühren und es dem Verkäufer überreichen. Der Kauf, der bis dahin immer noch auseinanderfallen konnte, war damit gleichsam verschnürt und ein Bündel daraus gemacht. Daher der Name nexum. Nectere heißt „zusammenbinden".

Für den auf diese Weise bindend gewordenen Kauf der gegebene, wenn auch nicht bezeugte Name war venditio per aes et libram. Auch nexi venditio läßt sich denken.

Als vom Käufer zu sprechende Worte, wenn ein Sklave verkauft wurde, nennt Gaius 1. 119 diese:

> Hunc ego hominem ex iure Quiritium meum esse aio, isque mihi emptus esto hoc aere aeneaque libra.

Welch seltsame Ordnung, hat man gesagt[1]: zuerst werde der Eigentumsübergang konstatiert und dann erst der Kauf und die Zahlung, da der tatsächliche Hergang doch umgekehrt sei. Aber mit Unrecht. Die Worte, die mit dem Stück Kupfer in der Hand der Käufer spricht, sind der Eintragung in das Grundbuch zu vergleichen, die dem Käufer erlaubt wäre selber vorzunehmen. Das Schweigen des Verkäufers dazu stellt die Eintragungsbewilligung dar, das Gedächtnis der Zeugen das Grundbuch. Auch in das Grundbuch wird an erster Stelle der Name des neuen Eigentümers eingetragen, und wie er Eigentümer geworden erst an zweiter. Auch was man heute die Auflassung nennt, ist was man auch sage nichts anderes, als der mit Bewilligung des mitanwesenden Veräußerers von dem Erwerber gestellte Antrag auf Eintragung in das Grundbuch. Und wie die Eintragung in das Grundbuch erst beantragt wird, wenn bis auf den Eigentumsübergang der Kauf fix und fertig ist, so ist auch wenn der Käufer jene Worte spricht bis auf den Übergang des Eigentums der Kauf fix und fertig. Der Käufer, der mit dem Kupferstück an die Waage schlägt, es scheinbar als letztes über die Waage gehen läßt, der tut so nur, um die Vollendung des Kaufes und damit sein Recht auf Eintragung den Zeugen recht greifbar vor Augen zu führen.

Auch bei der Mancipation, wie sie Gaius 1. 119 beschreibt, tritt einer als Käufer auf und einer als Verkäufer. Auch die fünf Zeugen sind da und der Mann mit der Waage. Aber da liegt kein in ungemünztem

---

[1] Ihering, Geist des röm. Rechts II 2 § 46, 3. Aufl. S. 542.

Kupfer abgewogener Kaufpreis bereit, da ist nur das Stückchen Kupfer, in der Regel eine Kupfermünze, die der Käufer sozusagen aus der Westentasche zieht, dazu die vorgeschriebenen Worte spricht, die Waage damit zum Erklingen bringt[2] und es dem Käufer überreicht. Als Kaufpreis so gut wie gar nichts, und darum auch der Kauf nur Schein, nur eine imaginaria venditio, in Wahrheit ein auf nichts anderes als Eigentumsübertragung gerichtetes Geschäft. Der gegebene Name dafür war datio per aes et libram oder nexi datio.

Aber dafür konnte jetzt auch ein Kauf gegen gemünztes Geld, das nicht zugewogen sondern zugezählt wurde, bindend gemacht werden.

Dafür konnte jetzt auch jedes andere auf Eigentumsübertragung gerichtete Geschäft, ein Tausch, eine Schenkung, eine Dosbestellung usw. bindend gemacht werden.

Dafür konnte man jetzt auch, wenn man die zu sprechenden Worte in der von Gaius 2. 104 angegebenen Weise abänderte, sich durch ein nexum die Möglichkeit verschaffen ein Testament zu errichten.

Dafür konnte man jetzt auch, wenn man die Formel noch einmal änderte, sich als zahlungsunfähiger Schuldner in die Knechtschaft des Gläubigers begeben, auch eine Art nexum.

Und war jemand durch ein nexum Schuldner geworden, durch ein per aes et libram errichtetes Testament und darin angeordnetes Legat zum Beispiel, und sollte ihm diese Schuld erlassen werden, so gab es jetzt auch die der venditio per aes et libram nachgeahmte, von Gaius 3. 173 beschriebene solutio per aes et libram oder nexi liberatio, auch eine Art nexum.

Alle diese nexa, ausgenommen das Schuldnernexum, das um die Mitte des fünften Jahrhunderts verboten worden ist, sind aufgezählt in der Stelle des Festus:

> Nexum est, ut ait Gallus Aelius, quodcumque per aes et libram geritur, id quod necti dicitur. in quo genere sunt haec: testamenti factio, nexi datio, nexi liberatio.

Alle mit der selben Ausnahme sind auch gemeint in der Stelle des Varro, de lingua latina 7. 105:

> Nexum Manilius scribit omne quod per libram et aes geritur, in quo sint mancipia...

Und alle haben sie seit den zwölf Tafeln ihre gesetzliche Grundlage in dem Satze:

> Cum nexum faciet mancipiumque, uti lingua nuncupassit ita ius esto.

---

2 a. M. Ihering a. a. O. Anm. 707, der erfahren haben will, daß in solchem Falle nicht die Waage töne, sondern das Erz, nicht die Glocke, sondern der Klöppel. Es geschehe, meint er, um die Kupfermünze auf ihre Echtheit zu prüfen.

Der Name mancipium, das heißt der Handgriff, den das Gesetz hier neben den Namen nexum stellt, das que in dem Sinne von ve gebrauchend, und den auch Manilius nennt, kann nicht der ursprüngliche gewesen sein. Er kann erst aufgekommen sein, nachdem das zuerst nur für den Kauf von Grundstücken eingeführte nexum auf den Handel mit gewissen beweglichen Sachen ausgedehnt worden war, die es üblich oder auch vorgeschrieben war, bei Vornahme des nexum mit der Hand zu ergreifen. Erst später wird er auf andere nexa, nicht auf alle, übertragen worden sein. Nexum, hat uns soeben Manilius gesagt, sei der allgemeine, mancipium der besondere Name: so daß denn zwar jedes mancipium ein nexum ist, aber nicht jedes nexum ein mancipium.

Mit denselben Dingen habe ich mich schon vor Jahren befaßt[3]. Ich freue mich jetzt endlich der Gelegenheit, einiges richtig stellen zu können.

Es geht um die Stelle des Varro, de lingua latina 7. 105.

> Nexum Manilius scribit omne quod per libram et aes geritur, in quo sint mancipia: Mucius quae per aes et libram fiant ut obligetur[4], praeter quom[5] mancipio detur...

Nexum, sagt Manilius, sei der allgemeine Name für alles, was mit Erz und Waage vor sich gehe, mancipium der besondere für gewisse nexa. Der große Q. Mucius Scaevola ist anderer Meinung. Und doch folge ich nicht ihm, sondern dem nicht ganz so bedeutenden Manilius. Das ist mir sehr verdacht worden. Aber nicht dem großen Juristen habe ich Unrecht gegeben, sondern dem dilettierenden Wortforscher. Und nur dem Leser etwas schwer gemacht habe ich es vielleicht, indem ich mich Seiten lang abgemüht und doch das erlösende Wort nicht gefunden habe: was ein Kritiker „sich die Sache leicht machen" genannt hat. Ich will mich jetzt kürzer fassen und sage nun einfach so.

Nexum, sagt Q. Mucius, dürfen nur die mit Erz und Waage erzeugten Obligationen genannt werden, nicht auch die mancipia. Der Sinn ist, daß man wohl nexo obligare sagen dürfe, aber nicht nexo dare, sondern nur mancipio dare. Auch nexo liberare ist erlaubt, nicht mehr in dem Sinne von „durch ein nexum befreien", sondern in dem von „von einem nexum befreien". Das ist das ganze Geheimnis.

Q. Mucius hatte über den Gebrauch der zwei Namen nachgedacht, der ihm wunderlich vorkam und war dabei in die Irre gegangen. Mancipium für alles das was so genannt zu werden pflegte, ließ er sich gefallen. Aber nectere, sagte er sich, sei doch nur ein anderes Wort

---

[3] Nexum und mancipium 1908.

[4] So mit Mommsen, Sav.-Z. 23 S. 349 Anm. 1. Die Handschrift hat obligentur.

[5] So mit Mommsen a. a. O. Die Handschrift praeter quam.

für obligare. Er hatte nicht bedacht, daß nectere eine andere Art des Bindens ist als obligare, daß es eigentlich „zusammenbinden" bedeutet. Die eigentliche Bedeutung von obligare dagegen ist „anbinden". So bindet der Gläubiger gleichsam den Schuldner an, damit er ihm nicht mit dem Gelde davongehe.

Nichts verkehrter auch, als daß Q. Mucius unter einer mit Erz und Waage erzeugten Obligation etwas anderes verstanden hätte, und hätte verstehen können, als was derart im 6. Jahrhundert der Stadt vorkam. Als da sind die mit actio auctoritatis geltend zu machende Verpflichtung des Verkäufers, dem Käufer den doppelten Kaufpreis zu vergüten, und die mit actio ex testamento geltend zu machende des Erben, ein ihm auferlegtes Vermächtnis zu leisten. Rechtsaltertümer auszugraben, sich über das vor rund zweihundert Jahren aus dem Rechtsleben geschiedene Schuldnernexum den Kopf zu zerbrechen, dazu hatte Q. Mucius keinen Anlaß und keine Zeit. Das hat er den Geschichtsschreibern und Altertumsforschern, wie Varro einer war, überlassen.

Varro de lingua latina 7. 105 fährt fort:

> Hoc verius esse ipsum verbum ostendit, de quo quaerit. nam id aes[6], quod obligatur per libram, „neque suum" fit: inde nexum dictum...

Wie recht Q. Mucius habe, bemerkt jetzt Varro, das sehe man dem Worte nexum selber an. Denn das Geld, das einer durch Erz und Waage schuldig werde, werde damit neque suum, anders geschrieben nec suum: daher der Name nexum. Aes nexum, will er sagen, sei nur ein anderes Wort für aes alienum.

Und nicht nur Varro, sondern allem Anschein nach auch die Klassiker halten sich an Q. Mucius.

Cicero, das ist wahr, so oft er das Wort nexum in den Mund nimmt, tut es im alten Sinne:

> top. 5. 28: abalienatio est eius rei quae mancipi est aut traditio alteri nexu aut in iure cessio.
>
> paradoxa 5. 1. 35 mancipia quae sunt dominorum facta nexo aut aliquo iure civili.
>
> ad fam. 7. 30. 2: cuius quoniam proprium te esse scribis mancipio et nexo.
>
> de harusp. resp. 7. 14: multae sunt domus in hac urbe ... iure privato, iure hereditario, iure auctoritatis, iure mancipii, iure nexi.
>
> de oratore 1. 38. 173: in causis centumviralibus, in quibus usucapionum, tutelarum, gentilitatum, agnationum, ... nexorum, mancipiorum iura versentur.

---

[6] So mit Mommsen a. a. O. Die Handschrift hat id est.

de re publ. 1. 17. 27: cui soli vere liceat omnia non Quiritium sed sapientium iure pro suis vindicare, nec civili nexo sed communi lege naturae.

pro Murena 2. 3: in eis rebus repetendis, quae mancipi sunt, is periculum iudicii praestare debet, qui se nexu obligavit.

pro Caecina 35. 102: Sulla ipse tulit de civitate, ut non sustulerit horum nexa et hereditates.

Ebenso noch Frontinus 2. 36, wenn er von Provinzgrundstücken sagt, daß sie nexum non habent, und damit ohne Zweifel sagen will, daß sie nec mancipi sind.

Ebenso auch noch Boethius zu Cicero top. 5. 28:

> Mancipi res veteres appellabant, quae ita abalienabantur, ut ea abalienatio per quandam nexus fieret solennitatem. nexus vero est quaedam iuris solennitas, qüae fiebat eo modo quo in Institutionibus Gaius exponit. eiusdem autem Gai primo libro Institutionum de nexu faciendo haec verba sunt: Est autem mancipatio usw.

Angesichts der Äußerungen des Aelius Gallus und des Manilius und nun auch dieser Zeugnisse, wie Mitteis[7] tut, zu sagen, daß er von der von mir behaupteten Identität von nexum und mancipium nicht überzeugt sei, „verstehe sich von selber", ist gelinde gesagt etwas gewagt.

Ein Irrtum war es jedoch, wenn ich aus diesen Zeugnissen geschlossen habe, Q. Mucius habe keine Nachfolge gefunden. Nirgends, so viel wir sehen, reden die Klassiker anders als von mancipio dare. Und ausdrücklich, wie es scheint, für veraltet erklärt wird der Gebrauch des Wortes nexum anstatt mancipium in der arg verstümmelten Stelle des Gaius 2. 27. Ja, fast scheint es, als wären die Klassiker noch weiter gegangen. Gaius 3. 173 scheint auch den Ausdruck nexo obligare zu vermeiden, und Festus in einer anderen Stelle den Ausdruck nexum aes für veraltet zu erklären:

> Nexum aes apud antiquos dicebatur pecunia quae per nexum obligatur.

Varro de lingua latina 7. 105 fährt fort:

> Liber, qui suas operas in servitutem pro pecunia quam debebat dum solveret nexus vocatus[8], ut ab aere obaeratus. Hoc C. Poetelio Libone Visolo dictatore sublatum ne fieret, et omnes qui bonam copiam iurarunt dissoluti.

So deutlich beschreibt hier Varro das Schuldnernexum, daß ich es habe wagen dürfen, die Formel zu entwerfen, die bei Vornahme des Geschäfts der Gläubiger gesprochen haben könnte. Schade nur, daß

---

[7] Sav.-Z. 29 S. 500.

[8] So mit Mommsen a. a. O. S. 354 Anm. 3. Die Handschrift hat vocatur.

der Abschreiber den Fehler begangen hat, nach debebat das zu operas gehörende Zeitwort auszulassen. Mit Mommsen[9] habe ich seiner Zeit dabat ergänzt. Ich gebe zu, das war ein Irrtum. Aber nicht weil mir Kübler[10] vorgeworfen hat: „Auf einem ergänzten Worte beruht das ganze Gebäude. Wahrlich ein schwaches Fundament." Das Fundament habe ich in aller Breite auf nicht weniger als sechzehn Druckseiten gelegt, da wo ich darzutun bemüht bin, daß was die Klassiker mancipatio nennen, ursprünglich den Namen nexum gehabt habe. Also, habe ich gefolgert, müsse auch das Schuldnernexum eine Art mancipatio gewesen und müsse das fehlende Wort das im Zusammenhange mit der Mancipation gebräuchliche Wort dare sein. Ich bin jetzt anderer Meinung. Nach einer Art Regeldetri, mit fast mathematischer Gewißheit also, ergibt sich daß es das Wort nectere gewesen sein muß. X verhalte sich zu nexus, so sagt Varro, wie aes zu obaeratus. Der Schuldner, der seine operae nectiert gehabt habe, so muß er haben sagen wollen, sei danach ein Nectierter genannt worden, wie er nach dem aes, wegen dessen er es getan habe, auch obaeratus genannt worden sei. Also nicht dabat, sondern nectebat, und noch besser nexerat. Ein Nectierter genannt werden konnte doch nur der nectiert hatte, nicht der es zu tun eben im Begriff war. Nicht weniger gut, wenn nicht das beste wäre nexo dederat. Der Abschreiber, der soeben DEBEBAT nachgemalt hatte, konnte nur zu leicht das sehr ähnliche DEDERAT übergehen.

Als Gegenstand des Schuldnernexums nennt Varro die operae des Schuldners, nicht den Schuldner selber. So offen das bei Varro zutage tritt, ist es doch erst durch Scheurl[11] entdeckt worden. Aber wie das bei neuen und guten Gedanken zu gehen pflegt, so ist auch dieser alsbald mit viel Lebhaftigkeit bekämpft worden. So habe ich vor Jahren geschrieben, und so ist es noch heute. Von den operae des Schuldners als dem Gegenstande des nexum will keiner etwas wissen. Und lieber als in der Stelle des Varro, die vor Augen liegt, sucht man die Wahrheit über das nexum in den Wolken. Wie sagt doch Goethe, was das schwerste wohl sei?

Den Schuldner sich selber verkaufen lassen, mit der Hand des Gläubigers am Kragen und den Worten des Gläubigers über sich: hunc ego hominem ex iure Quiritium meum esse aio, was wäre die Folge gewesen? Als persona in mancipio, die er hätte werden sollen, konnte er nicht Eigentümer des Kupfers werden, das der Gläubiger ihm als Kaufpreis gab. Ohne Eigentümer des Kupfers zu werden, konnte er nicht persona in mancipio werden, weil kein mancipium zustande kam. Eins hob das andere auf.

---

[9] a. a. O. S. 354 Anm. 3.

[10] Wochenschrift für klassische Philologie 1910 S. 14.

[11] Vom Nexum, 1839.

Statt des Schuldners selber dessen operae verkauft, und der Gläubiger bekam doch den Schuldner. Nicht rechtlich, aber tatsächlich, weil von seinen operae nicht zu trennen. Die Historiker, die den Schuldner sich selber nectieren lassen, halten sich an das Tatsächliche.

Man hat an die coemptio erinnert, die auch eine Art Selbstmancipation gewesen sei, mit der Frau selber als Gegenstand und von der Frau selber vorgenommen. Der Ausdruck mulier coemptionem facit, der oft vorkomme, beweise es. Man sollte doch unterscheiden. Ehe es zu dieser Mancipation der Frau kam, fragte der Mann sie, ob sie seine Hausfrau werden wolle, und sie ihn, ob er ihr Herr, und beide antworteten mit Ja[12]. Das war die coemptio. Gaius 1. 113 schweigt davon, wie er an anderer Stelle von dem schweigt, was der Mancipation der Sache vorhergeht, der Einigung über Sache und Geld und der Bereitstellung beider, der emptio mit einem Wort. Dann erst schritt der Mann dazu, sie für seine rechtmäßige Hausfrau zu erklären, und sich und sie als Vermählte in das von den Zeugen bereitgehaltene unsichtbare Heiratsregister einzutragen, als sein eigener Standesbeamter gleichsam. Das mit seinem Drum und Dran war die Mancipation. Mag man aber auch beides zusammen coemptio nennen, die coemptio selber und die Mancipation: in jedem Falle ist es nicht unwahr, daß die Frau coemptionem facit cum viro, auch wenn nicht sie das raudusculum empfängt, sondern der Vater oder Vormund. Ohne ihr Ja kommt es zu nichts.

Daß die filia familias nur von ihrem Vater mancipiert werden konnte, als dem Inhaber der väterlichen Gewalt, versteht sich von selber, auch wenn die Klassiker von ihm nur als dem auctor der coemptio reden[13], nicht anders als vom Vormunde[14]. Daß die mulier sui iuris sich selber mancipiert hätte, gesetzt es wäre wahr, ließe sich nur so erklären, daß der Vormund sie nicht mancipieren konnte, und ein besonderes Gesetz ihr dieses Recht gegeben hatte, um auch ihr die Zivilehe zugänglich zu machen, von der sie sonst ausgeschlossen gewesen wäre. Man zöge denn vor, daß zu der Zeit, aus der unsere Zeugnisse stammen, es nicht mehr so genau genommen worden wäre, wenn der Mann das raudusculum nicht dem mancipierenden Vormunde überreichte, sondern der Frau selber.

Die Knechtschaft des Schuldners, der seine operae nectiert hatte, währte so lange, bis die Abzahlung der Schuld ihr von selber ein Ende machte. So sagt Varro und so habe ich auch die von mir entworfene Formel reden lassen.

---

[12] Boethius top. 3. 14.
[13] Coll. 4. 2. 3, 4. 7. 1.
[14] Gai. 1. 115, 1. 195a.

Für diese Formel hatte ich die der mancipatio familiae bei Gaius 2. 104 zum Vorbild genommen, in der Lesung von Krüger und Studemund, in der sie so lautet:

> Familia pecuniaque tua endo mandatelam custodelamque meam, quo tu iure testamentum facere possis secundum legem publicam, hoc aere aeneaque libra esto mihi empta.

Und die Formel des Schuldnernexums dachte ich mir so:

> Operae tuae in servitutem meam, dum mille aeris quae mihi debes solveris, hoc aere aeneaque libra sunto mihi emptae.

„Freilich war das eine bedingte Mancipation, und die Mancipation ließ bekanntermaßen Bedingungen nicht zu. Aber dieses Bedenken ist für P. nicht so schwer, daß er nicht darüber hinwegkommen könnte. Der Nießbrauch wird zur Hilfe herangeholt; dieser konnte bedingt und auflösend gefristet sein. Zwar war er keine res mancipi und konnte also nicht mancipiert werden. Aber P. sagt, daß der usus fructus gewiß nur eine res mancipi zu sein brauchte, um auch unmittelbar durch Mancipation, ebenso wie durch in iure cessio, ad tempus oder ad condicionem übertragbar zu sein. Das heißt also: wäre der Nießbrauch res mancipi gewesen, so hätte er bei der Mancipation die Bedingung zugelassen. Ja, wäre er! Er war aber eben leider keine res mancipi[15]."

Das Bild, daß da von mir entworfen wird, ist doch etwas übertrieben. Ein solcher bin ich nicht gewesen in meinem fünfzigsten Lebensjahre, und bin ich auch nicht, da ich mich dem achtzigsten nähere. Mein Geschriebenes wird nur nicht immer mit der gewünschten Aufmerksamkeit gelesen.

Was habe ich denn getan? Zugegeben, daß durch Mancipation nicht Eigentum auf Zeit, oder auf immer oder auf Zeit übertragen werden konnte. Aber nicht weil die Mancipation das nicht vertragen hätte, sondern weil das Eigentum ein ewiges Recht ist, und den Römern der Widerspruch unleidlich war, eines Rechts auf ewig und doch nur auf Zeit. War es doch auch nicht nur bei der Mancipation so, sondern bei allen Übereignungsgeschäften, förmlichen und unförmlichen. Zugegeben auch, daß durch Mancipation nicht Servituten auf Zeit bestellt werden konnten. Aber wieder nicht, weil die Mancipation das nicht vertrug, sondern weil auch die Servituten ewige Rechte sind, wie das Grundstück für das sie bestellt sind so ewig[16], und weil der Widerspruch den Römern unleidlich war, eines Rechts auf ewig und doch nur auf Zeit. Daher es auch nicht nur bei der Bestellung durch

---

[15] Kübler a. a. O. S. 13.

[16] Das muß auch in den Formeln zum Ausdruck gekommen sein. Z. B.: aio mihi ius esse FUNDI ILLIUS NOMINE per fundum illum ire agere.

Mancipation so war, sondern auch wenn die Servitut durch in iure cessio, und gewiß auch wenn sie per pactum et stipulationem bestellt wurde. Die Formel, so wie ich sie entworfen habe, für unbedenklich gehalten habe ich aus keinem andern Grunde, als weil die Worte dum solveris mir keinen Widerspruch hineinzutragen schienen. Und den Nießbrauch habe ich nur herangezogen, um das Bild abzurunden. Ich hätte es auch bleiben lassen können. Warum bei der Bestellung des Nießbrauchs durch deductio noch Pomponius die Beschränkung auf Zeit verboten hat[17], weiß ich allerdings nicht. Da er es aber nicht nur tut, wenn der Nießbrauch bei Gelegenheit einer Mancipation deduciert wird, sondern auch wenn es bei einer in iure cessio geschieht, und doch bei der Bestellung durch in iure cessio kein Zweifel war, daß sie auf Zeit geschehen konnte[18], so sehe ich nicht ein, warum bei einer Bestellung durch Mancipation es anders hätte sein müssen.

Mein Fehler ist gewesen, daß ich operae mit „Arbeitskraft" übersetzt habe. Ich habe dadurch den Schein erweckt, als ob die operae ein geschlossenes Ganze bildeten, das nur als solches mancipiert werden konnte und darum nach Ablauf der Zeit als Ganzes zurückmancipiert werden mußte.

Operae sind Tagewerke, und der Gläubiger, der die von mir entworfene Formel sprach, kaufte deren so viele, als Tage sein würden bis der Schuldner seine Schuld abgetragen hätte. Wo ist da ein Widerspruch?

So ganz zufrieden mit dieser Formel bin ich allerdings nicht mehr. Die Formel der mancipatio familiae in der Lesung von Krüger und Studemund, die ich als Vorbild genommen habe, halte ich nicht mehr für richtig. Ich ziehe jetzt die von Huschke, Seckel und Kübler vor, die so lautet:

> Familiam pecuniamque tuam endo mandatela tua custodelaque mea esse aio quo tu iure testamentum facere possis secundum legem publicam, eaque hoc aere aeneaque libra esto mihi empta.

Nur daß ich das eaque nicht auf esse aio folgen lasse, sondern es dahin setze, wo in der Formel bei Gaius 1. 119 das isque steht.

Ich ziehe diese Lesung um so lieber vor, als es die einer von Kübler selber gebilligten Formel einer Mancipation auf Zeit ist. Die familia pecuniaque bekam der familiae emptor doch nicht zu Eigentum, sondern nur damit er sie zur Verfügung des Mancipanten in seine Obhut nahm, nur damit der Mancipant ein Testament errichten konnte und auf so lange.

---

[17] Vat. fr. 50.
[18] Vat. fr. 48.

Und die Formel des Schuldnernexums denke ich mir nun so:

Operas tuas in servitute mea esse aio usque dum mille aeris quae mihi debes solveris, eaeque hoc aere aeneaque libra sunto mihi emptae.

Mitteis, der selber über das Nexum geschrieben hat[19], und der auch mein Buch rezensiert hat[20], als Richter und zugleich Partei, hat es so dargestellt, als hätte ich eigentlich nichts Neues vorgebracht, nichts was nicht schon andere vor mir und namentlich schon er gesagt habe. Nur ganz hübsch geschrieben sei das Ding, so daß man „den Stich in das Eklektische", wie er es zu nennen beliebt, „nicht lästig empfinde".

Wenn das so wäre, ein anderer[21] hätte wohl nicht das ganz andere Urteil fällen können, es gehöre die ganze Originalität des angeblichen Eklektikers dazu, um über dieses uns kaum von Hörensagen bekannte Geschäft noch neue Gedanken hervorzubringen.

Man rechnet mit seinen Vorgängern ab, trägt den Saldo vor und tut das seinige hinzu, so macht es auch Mitteis, und ist ein Eklektiker so wenig als ich.

It is the good reader that makes the good book.

Mitteis hat das vollstreckbare Darlehen per aes et libram, die „publizistische Obligation" im Sinne Huschkes, in das Reich der Fabel verwiesen. Schön und gut. Ich habe dargetan, daß Dionysius von Halikarnaß als altrömisches Schuldrecht ausgibt, was in Wahrheit griechisches Recht ist. „Glänzend bewiesen" bescheinigt mir Beseler[22]. Mitteis sieht darin nur eine „Hypothese", mit der ich mich „seiner Auffassung im wesentlichen wieder annähere". Denn wenn er selber vor Jahren die Exekutivklausel in griechischen Darlehensurkunden nur auf das Vermögen des Schuldners beziehen zu sollen geglaubt habe, so halte er es schon seit langem für möglich, daß eine zu weitgehende Vorsicht in der Annahme vertragsmäßiger Exekutionsabreden ihn zu einer, wie er bekenne, gewaltsamen Einschränkung des Wortsinnes bestimmt habe. Das klingt recht gewunden. Also wenn Mitteis bei Zeiten das selbe gesagt hätte, wäre es etwas anderes?

Als solche, denen ich den einen oder andern Stein meines angeblichen Mosaikbildes entlehnt habe, nennt er Huschke, Lenel, sich selber. Scheurl, den einen, dessen von Mitteis gänzlich unbeachtet gelassene Erklärung der Varrostelle gegen Mitteis zur Geltung zu bringen ich mein Buch über das Nexum geschrieben habe, nennt Mitteis nicht. Aber daß der Leser seiner Rezension nicht das angebliche Mosaikbild zu sehen bekommt, sondern nur eine Handvoll Steine, dafür ist gesorgt.

---

19 Mitteis, Sav.-Z. 22 S. 96ff.

20 Sav.-Z. 29 S. 498ff.

21 Kübler a. a. O. S. 9.

22 Berliner philologische Wochenschrift 1909 S. 622.

Gänzlich verkannt wird die Bedeutung der Varrostelle von Mitteis ja nicht. Dieses von den Modernen ganz gering geschätzte, sei das einzige unmittelbare, und einigermaßen bedeutsame, weil nicht wie Huschkes Belegstellen fingierte Zeugnis vom Inhalt des Nexums, sagt er[23]. Mehr als einen „allgemeinen Hinweis" findet er darin gleichwohl nicht. Wenn man einmal das nexum inire des Schuldners als einen vom Darlehen unabhängigen besonderen Contract ansehe, dann erscheine ihm, so schreibt er[24], „die Frage ziemlich untergeordnet, welche Rechtsform und welchen Inhalt dasselbe habe". Mit andern Worten: wo er nichts findet, da haben auch wir nichts zu suchen.

Und Mitteis hatte es in der Hand, mit einer bisher unbeachtet gebliebenen Stelle aufzuwarten, die von einem ganz ähnlichen Geschäfte des ius sacrum Kunde gibt und ein helles Licht auch auf das Schuldnernexum wirft. Ich finde sie, aber nicht mit dem Nexum in Zusammenhang gebracht, bei Mitteis[25].

> Servius in Vergil. Aen. 11. 558. In sacris tamen legitur posse etiam operas[26] consecrari ex servis usque dum solvatur caput hominis.

Statt des Schuldners, der seine operae nectiert, ein Sklave, dessen operae consecriert werden. Sonst das Ebenbild des nexum, und nur der Grund ein anderer, warum nicht der Sklave selber, sondern seine operae consecriert werden. Consecriert werden konnte der Sklave selber schon, aber eine fiducia cum deo gab es wohl nicht.

Justinian hat der Unterscheidung von res mancipi und nec mancipi ein Ende gemacht und die Mancipation abgeschafft. Wo immer die Mancipation sich in den für das Gesetzbuch ausgewählten Texten vorfand, ist sie durch die Tradition ersetzt worden.

Das genügte und war gut in Stellen wie den folgenden:

> L. 13 § 1 D. 4. 4. ... si minor viginti quinque annis fundum vendidit et *tradidit* ...
>
> L. 37 § 3 D. 32. ... quae tibi mancipia quaeque praedia donationis causa *tradidi* ...
>
> L. 51 pr. D. 10. 2. Fundus qui dotis nomine socero *traditus* fuerit ...

Oft wird aber der Schein erweckt, als wäre die Tradition ein auf eigenen Füßen stehendes Rechtsgeschäft, und das ist nicht gut.

---

23 Sav.-Z. 22 S. 119.

24 Sav.-Z. 29 S. 501.

25 Röm. Privatrecht S. 193 Anm. 3.

26 So mit Mitteis. Die Handschrift hat opera.

L. 3 § 10 D. 24. 1. Sciendum autem est ita interdictam inter virum et uxorem donationem, ut ipso iure nihil valeat quod actum est. proinde si *corpus* sit quod donatur, nec *traditio* quicquam valet. et si stipulanti promissum sit vel accepto latum nihil valet...

Ulpian hatte geschrieben si mancipi sit quod donatur. Justinian hätte diese Worte und bis valet et alles streichen und nur die Stipulation und die Acceptilation stehenlassen sollen.

L. 49 D. eod. Sulpicius Marcello. Mulier, quae ad communem filium volebat, qui in potestate patris erat, post mortem patris fundum pervenire, eum patri *tradidit*, uti post mortem restituatur filio. quaero an donatio tibi videatur, ut nihil agatur, *an valeat quidem, sed mulieri potestas datur, si noluerit, eum repetere.* respondit: si color vel titulus, ut sic dixerim, donationi quaesitus est, nihil valebit *traditio* ...

Statt nihil valebit traditio hätte Justinian sagen sollen nihil agetur. Die Worte *an valeat* bis *repetere* sind als unecht bekannt.

L. 67 D. eod. Si uxor nummis a viro ... sibi donatis servum emerit, deinde cum eius factus fuerit, eum ipsum donationis causa viro *tradiderit*, rata erit *traditio* ...

Justinian hätte schreiben sollen rata erit donatio.

Siehe auch l. 10 § 2—9, l. 52 § 1 eod., l. 17 D. 27. 10, l. 05 D. 34. 5, l. 14 § 1 D. 49. 17.

Da sind ferner die vielen Stellen, deren Verfasser vom dicere in mancipio und von der actio auctoritatis gehandelt hatten, und Justinian hat ein dicere in tradendo und eine actio empti daraus gemacht.

L. 39 § 5 D. 21. 2. Qui servum venditum *tradit* et dicit usum fructum in eo Seii esse, cum ad Sempronium pertineat, Sempronio usum fructum petente perinde tenetur, ac si *in tradendo* dixisset usus fructus nomine adversus Seium non teneri...

Justinian hätte sich l. 7 D. 19. 1 und l. 46 pr. D. 21. 2 zum Vorbild nehmen und qui servum vendit et dicit usw. schreiben, und *in tradendo* ganz weglassen sollen.

L. 17 § 3 D. 8. 2. Haec lex *traditionis* „stillicidia uti nunc sunt ut ita sint", hoc significat impositam vicinis necessitatem stillicidiorum excipiendorum ...

Es mußte heißen haec lex venditionis.

L. 169 D. 50. 16. Non tantum in *traditionibus*, sed et in venditionibus et stipulationibus et testamentis adiectio haec „uti optimus maximusque est", hoc significat ut liberum praestetur praedium ...

Die Worte non tantum in *traditionibus* sed et mußten ganz wegbleiben.

L. 39 § 4 D. 21. 2. Qui statu liberum *tradit,* nisi dixerit eum statu liberum esse *evictionis* nomine perpetuo obligatur.

Es mußte heißen, qui statu liberum vendit.

Da sind ferner die nicht weniger zahlreichen, den Vorbehalt eines Nießbrauches oder einer Servitut bei Gelegenheit einer Eigentumsübertragung betreffenden Stellen. Deren Verfasser hatten den in die Mancipationsformel einzurückenden Vorbehalt gemeint, Justinian hat einen bei der Tradition zu erklärenden daraus gemacht. Nur ein paar Beispiele.

L. 32 D. 7. 1. Si quis unas aedes, quas solas habet, vel fundum *tradit,* excipere potest id quod personae non praedii est, veluti usum et usum fructum ...

Statt si ... *tradit* hätte Justinian schreiben sollen si ... vendit.

L. 35 D. 8. 2. Si binarum aedium dominus dixisset eas quas venderet servas fore, sed in *traditione* non fecisset mentionem servitutis, vel ex vendito agere potest, vel *incertum* condicere ut servitus imponatur.

Justinian hat die bei der Übergabe über das damit vollendete Geschäft errichtete Urkunde im Sinne, und was da als Klage auf nachträgliche Bestellung der Servitut erscheint, vertritt die Stelle einer Klage auf Berichtigung der Urkunde. Die Unechtheit des *incertum* ist bekannt.

XII. Condictionen

Und gewissen Condictionen, hat man gesagt, denen sehe man es doch schon am bloßen Namen an, daß das Eigentum, das sie zurückschaffen, übergegangen sei ohne iusta causa.

Es sind aber zwei himmelweit verschiedene, wenn auch nahe beieinander wohnende „Geschichten", die causa im Sinne dieser Condictionen, an der es wenn eine von ihnen begründet sein soll fehlen muß, und die iusta causa im Sinne der Eigentumserwerbslehre, an der es auch wenn eine von ihnen begründet sein soll nicht fehlen darf.

A hat dem B eine Sache übergeben unter der Vereinbarung, daß B Eigentümer der Sache werden und eine andere dafür in Tausch geben solle. B erfüllt sein Versprechen nicht. Iusta causa im Sinne der Eigentumserwerbslehre ist eben diese Vereinbarung. Causa im Sinne der condictio causa data non secuta ist zweierlei. Causa data im Sinne dieser condictio ist die unter jener Vereinbarung von A dem B übergebene Sache: wir können sagen, der gegebene „Wert". Causa non secuta im Sinne dieser condictio ist die unter derselben Vereinbarung von B dem A versprochene, aber nicht geleistete andere Sache: wir können sagen der ausgebliebene „Gegenwert".

Oder A hat dem B Geld gezahlt unter der Vereinbarung, daß B die C heiraten und das Gegebene dann Dos sein solle. Die Ehe kommt nicht zustande. Iusta causa im Sinne der Eigentumserwerbslehre ist eben diese Vereinbarung. Causa data im Sinne der condictio causa data causa non secuta, wir können sagen der gegebene „Wert", ist das unter dieser Vereinbarung gegebene Geld. Causa non secuta im Sinne der condictio, wir können sagen der ausgebliebene „Gegenwert", ist die nicht zustandegekommene Ehe.

Oder A, der sein Ende nahe glaubt, hat dem B ein Grundstück geschenkt, damit er es nach seinem Tode habe. A bleibt am Leben. Iusta causa im Sinne der Eigentumserwerbslehre ist die Schenkung auf den Todesfall. Causa data im Sinne der condictio causa data causa non secuta, wir können sagen der gegebene „Wert", ist das geschenkte Grundstück. Causa non secuta im Sinne der condictio, wir können sagen der ausgebliebene „Gegenwert", ist der Dank des Beschenkten: aber des den Schenker Überlebenden, statt dessen ihm der des Mitlebenden geboten wird.

Und ist also condictio causā datā causā non secutā so gut wie wörtlich die Condiction, „wenn eine Geschichte gegeben worden und eine Geschichte ausgeblieben ist". Oder „wenn etwas gegeben worden und etwas ausgeblieben ist". Wir können sagen, „wenn ein Wert gegeben worden und der Gegenwert ausgeblieben ist".

Und condictio ob causam datorum, wie die selbe condictio im Codex genannt wird, so gut wie wörtlich die Condiction „des um eine Geschichte Gegebenen", oder des „um etwas Gegebenen". Wir können sagen, „des um einen Gegenwert Gegebenen".

Nun sind aber diese Namen nicht nur nicht klassisch, sondern auch fehlerhaft. Das woran es, wenn die condictio causa data causa non secuta oder ob causam datorum begründet sein soll, fehlen muß, nennen die Klassiker nicht causa, sondern res.

> L. 52 D. 12. 6, Pomponius lib. 27 ad Q. Mucium. Damus aut ob causam aut ob rem. ob causam *praeteritam* veluti cum ideo do quod aliquid a te consecutus sum vel quia aliquid a te factum est, *ut etiam si falsa causa sit repetitio eius pecuniae non sit.* ob rem vero datur et aliquid sequatur, *quo non sequente repetitio competit.*

Die Streichungen nach Beseler[1].

[1] Sav.-Z. 45 S. 438, 46 S. 272.

Ob causam datum, will Pomponius sagen, sei das für einen schon empfangenen Gegenwert Gegebene, ob rem datum das für einen noch zu empfangenden. Und ist also, wenn der noch zu empfangen gewesene Gegenwert ausbleibt, nicht causa non secuta, sondern res non secuta. Und müssen darum auch alle Stellen, in denen ein Klassiker den noch zu empfangenden oder zu empfangen gewesenen Gegenwert causa zu nennen scheint, insoweit unecht sein[2].

Causa ist ein Wort, das alles und jedes bedeuten kann, was man nicht näher bezeichnen kann oder will, und res ist ein Wort, das alles und jedes bezeichnen kann, was man nicht näher bezeichnen kann oder will. Man kann es verstehen, daß die Byzantiner sich nicht darein finden konnten, die beiden auseinander zu halten, und daß sie es vorzogen, entweder jeden Wert und jeden Gegenwert causa zu nennen, oder jeden Wert und jeden Gegenwert res. Meist nennen sie beides causa, und verstehen es in dem Sinne von αἰτία. Die causa non secuta, so legen sie es sich zurecht, werde darum so genannt, weil sie oder doch die Vorstellung davon für den Kläger der „Grund" gewesen sei, das Eigentum zu übertragen; und die causa data darum so, weil sie für den Beklagten der „Grund" hätte sein sollen, den Gegenwert zu leisten.

So ist denn condictio causa data causa non secuta im Sinne der Byzantiner wörtlich verstanden die Condiction, „wenn ein Grund gegeben worden und ein Grund ausgeblieben ist". Oder wie sie in den Basiliken genannt wird, ἡ περὶ αἰτίας συμφωνηθείσης καὶ μὴ ἀποτελεσθείσης (oder μὴ ἀποπληρωθείσης, oder μὴ παρακολουθησάσης) ἀγωγή, die Klage „wegen verabredeten und ausgebliebenen Grundes". Gemeint ist doch „wegen verabredeten und ausgebliebenen Gegenwertes". Das Wort αἰτία ist auf dem besten Wege, geradezu die Bedeutung „Gegenwert" anzunehmen, dem englischen Worte consideration vergleichbar, das auch eigentlich etwas ganz anderes bedeutet, und auch die Bedeutung „Gegenwert" angenommen hat[3].

Aber scharf halten auch die Byzantiner die zwei anderen Dinge auseinander, die causa im Sinne der Condictionenlehre, an der es wenn die condictio begründet sein soll fehlen muß, und die iusta causa im

---

[2] l. 1 pr. D. 12. 4 *causa secuta* Glosse. — l. 2 eod. *veluti causa non non secuta* Glosse. — l. 5 pr. eod. *sed cum liceat ... fin.*, Anton Faber, Paul Krüger zu d. St. — l. 8 D. 12. 5 *ob turpem causam* Beseler, Beitr. 4 S. 202. — l. 9 pr. eod. *et causa secuta sit* Glosse. — l. 23 § 3 D. 12. 6 *sane quidem ...* fin. Glosse. — l. 65 § 3 eod. *quia causa ... non est secuta* Pernice, Labeo 3 S. 242 Anm. 4. — l. 1 D. 12. 7 s. unten. — l. 4 eod. s. unten. — l. 5 eod. s. unten. — l. 11 § 6 D. 19. 1 s. unten. — l. 9 D. 19. 5 *ob eam causam* Lückenbüßer. — l. 15 eod. *nec videtur ... fin.* Beseler, Beitr. 2 S. 164, der noch zu wenig streicht. — l. 10 D. 23. 1 *enimvero ... fin.* Solazzi, Bull. 34 S. 7 Anm. 3. — l. 2 § 3 D. 44. 4 s. unten.

[3] Bas. 24. 1. 29, 24. 1. 30, 24. 1. 33, 24. 1. 35, 24. 1. 37, 20. 4. 5.

Sinne der Eigentumserwerbslehre, an der es auch wenn die condictio begründet sein soll nicht fehlen darf.

Die iusta causa im Sinne der Eigentumserwerbslehre ist die iusta causa traditionis, auf griechisch αἰτία τῆς παραδόσεως oder αἰτία τῆς τραδιτίονος[4], als der „rechte Grund", der den Übergebenden bewogen haben muß, die Sache zu übergeben, wenn durch die Übergabe Eigentum übergehen soll.

> L. 3 § 1 D. 6. 2, Ulpianus lib. 17 ad edictum. Ait praetor „ex iusta causa petet". qui igitur iustam causam *traditionis* habet, utitur Publiciana.

Schon daß der Ausdruck nur dieses eine Mal vorkommt, macht ihn verdächtig. Causa traditionis in l. 44 § 2 D. 41. 3 hat einen ganz andern, durch „die Tatsache der Übergabe" wiederzugebenden Sinn. Und einen „Grund zur Übergabe" kann doch nur haben, der gerade selber übergibt oder übergeben will, nicht der jetzt die actio Publiciana anstellen möchte und allenfalls einen „Grund übergeben erhalten zu haben" haben kann und haben muß. Daher auch schon die Basiliken 15. 2. 3 aus dem qui iustam causam *traditionis* habet einen κατ' εὔλογον αἰτίαν λαβῶν zu machen für gut befunden haben. Ulpian, die Worte iusta causa des Edikts vor Augen, hatte geschrieben qui igitur iustam causam habet, „wer eine rechte Geschichte für sich hat", sich auf eine solche berufen kann. Und *traditionis* ist Glosse.

Die causa im Sinne der Condictionenlehre, als der Grund, der den Kläger bewogen hat, das Eigentum zu übertragen, ist den Byzantinern die causa dandi, auf griechisch αἰτία τῆς δόσεως.

So sagt schon Diocletian, l. 6 C. 4. 6:

> causa vero dandi non secuta.

Diocletian, der auch sonst, wenn er res sagen müßte, causa sagt[5].

So die griechische Übersetzung der l. 6 cit., Bas. 24. 1. 34:

> τῆς αἰτίας τῆς δόσεως μὴ παρακολουθησάσης.

So wohl auch Bas. 24. 1. 4:

> ὁ φροντίστης ὑποκεῖται τῇ αἰτίᾳ τῆς δόσεως.

Soll die Übersetzung von l. 14 D. 12. 4, ab ipso procuratore repetetur, sein, wird von Heimbach mit procurator tenetur condictione causa data causa non secuta übersetzt, und steht wohl für:

> ὑποκεῖται τῇ περὶ αἰτίας τῆς δόσεως συμφωνηθείσης καὶ μὴ παρακολουθησάσης ἀγωγῇ.

---

[4] Bas. 50. 1. 35 (= l. 36 D. 41. 1). Schol. 4 Στεφάνου zu Bas. 23. 1. 18 (= l. 18 D. 12. 1) Heimbach 2 S. 614.

[5] l. 5 C. 4. 6, l. 9, c. 10 eod., l. 4 C. 4. 7, l. 5 eod., l. 4 C. 4. 64, l. 5, l. 7 eod. Anders l. 3 C. 4. 64.

Auch αἰτία τῶν δεδομένων findet sich[6].

Die causa dandi atque accipiendi in l. 36 D. 41. 1 ist nicht als „Grund Eigentum zu übertragen und zu erwerben", sondern als „Grund zu geben und zu nehmen", beides in rein tatsächlichem Sinne, zu verstehen. Auch die Basiliken 50. 1. 35 verstehen sie so. Sie übersetzen sie mit αἰτία τῆς παραδόσεως.

Tritt an die Stelle der Eigentumsübertragung ein Stipulationsversprechen, wird die Causa im Sinne der Condictionenlehre zur causa promittendi[7].

Wenn ob causam datum im Sinne der Klassiker das für einen vorher empfangenen Gegenwert Gegebene ist, und ob rem datum das für einen nachher zu empfangenden Gegenwert Gegebene, dann muß sine causa datum im Sinne der Klassiker das ohne den vorher zu empfangen gewesenen Gegenwert empfangen zu haben Gegebene sein. So hat jedes sein Reich für sich.

Und wäre demnach condictio sine causa im Sinne der Klassiker so gut wie wörtlich die Condiction „ohne eine Geschichte", oder „ohne etwas". Wir können sagen, die Condiction „ohne Gegenwert", abgekürzt statt „des ohne den vorher zu empfangen gewesenen Gegenwert empfangen zu haben Gegebenen".

Die Frage ist nur, ob die Klassiker eine condictio sine causa gekannt haben. Viele Stellen, in denen man eine condictio sine causa zu finden glaubt, reden von keiner solchen. Alle Stellen, die von einer condictio sine causa reden, sind mehr oder weniger unecht.

> L. 32 D. 12. 1, Celsus lib. 5 digestorum. Si et me et Titium mutuam pecuniam rogaveris, et ego meum debitorem tibi promittere iusserim, tu stipulatus sis, cum putares eum Titii debitorem esse, *an mihi obligaris? subsisto si quidem nullum negotium mecum contraxisti. sed* propius est ut obligari te existimem, *non quia pecuniam tibi credidi, hoc enim nisi inter consentientes fieri non potest sed quia pecunia mea ad te pervenit: eam mihi a te reddi bonum et aequum est.*

A ist Schuldner des B, den C um ein Darlehen gebeten hat, und der nun den A anweist, das Geld, das der ihm schuldet, durch Stipulation dem C zu versprechen. C nimmt das Versprechen an. Dieses Versprechen ist einer baren Zahlung gleich, die B dem C gemacht hätte. Aus dem Darlehen ist dennoch nichts geworden, weil C auch den Titius um ein Darlehen gebeten und den A für den Schuldner des Titius gehalten hat, und es darum zwischen ihm und B an der er-

[6] Schol. 1 Στεφάνου zu Bas. 24. 1., Heimbach 3 S. 1.

[7] l. 1, l. 3 D. 12. 7, beide unecht.

forderlichen Einigung gefehlt hat. Soll darum C das Geld behalten dürfen? B, wenn er sein Geld nicht wieder bekommt, ist in der selben Lage, wie wenn er eine Sache gegeben hätte gegen das Versprechen eine andere dafür in Tausch zu geben, und der Empfänger sein Versprechen nicht hielte. Er hat ob rem gegeben und es ist res non secuta, und er muß die condictio causa data causa non secuta haben. Celsus sagt es mit den wenigen Worten, propius est ut obligari te existimem. Was davor steht, *an mihi obligaris* usw. bis *sed,* und von *quia* an alles was folgt, ist von einem nachklassischen Bearbeiter, der sich die condictio nur so erklären kann, daß er eine trotz nicht entstandenem Darlehen ex aequo et bono gegebene Darlehensklage daraus macht. An eine condictio sine causa denkt auch er nicht.

L. 19 § 1 D. 12. 1, Iulianus lib. 10 digestorum. Si pupillus sine tutoris auctoritate crediderit *aut solvendi causa dederit,* consumpta pecunia condictionem habet *vel liberatur,* non alia ratione, quam quod facto eius intellegitur ad eum qui acceperit pervenisse. *quapropter ...*

Die Worte *aut solvendi causa dederit* und *vel liberatur* hat schon Gradenwitz als unecht gestrichen. Auch von *quapropter* an haben er und andere so viel zu bessern gefunden, daß man noch besser tut, von da an alles zu streichen. Auch vorher das principium ist erst von si Titio an echt. Vorher unrichtige Zeiten in Menge.

Das Darlehen, das ein Pupill ohne Mitwirkung seines Vormundes gibt, ist ungültig. Weder wird der Empfänger Eigentümer, noch hat der Pupill eine condictio. Sobald aber der Empfänger das Geld verbraucht und den Pupillen um seine rei vindicatio bringt, soll der Pupill das Geld condicieren können, non alia ratione, wie Julian sagt, quam quod facto eius intellegitur ad eum qui acceperit pervenisse. Man muß das nur recht verstehen. Im strengen Sinne „gegeben" hat der Pupill das Geld zwar nicht. Aber er hat doch den Empfänger in die Lage versetzt, das Geld zu verbrauchen und dadurch um ebenso viel reicher zu werden, als hätte er es ihm „gegeben". Das wird ihm als datio angerechnet, nur um ihm die condictio geben zu können. Nicht als aus dem Darlehen, versteht sich: das wird auf die Weise nicht gültig. Auch nicht als condictio sine causa, sondern als condictio causa data causa non secuta. Auch der Pupill, wenn er sein Geld nicht wiederbekommt, ist in der selben Lage, als hätte er eine Sache in Tausch gegeben, und der Empfänger hielte sein Versprechen nicht. Er hat ob rem gegeben, und es ist res secuta.

L. 12 D. 12. 1, Pomponius lib. 6 ex Plautio. Si a furioso. cum eum compotem mentis esse putares, pecuniam quasi mutuam acceperis eaque in rem tuam versa fuerit, condictionem furioso adquiri Iulianus ait: nam ex quibus causis ignorantibus nobis actiones adquiruntur, ex isdem etiam furioso adquiri ...

Fast gleichlautend l. 24 pr. D. 44. 7, auch von Pomponius.

Auch das Darlehen, das ein Geisteskranker gibt, ist ungültig. Sobald aber der Empfänger das Geld verbraucht hat, soll auch er eine condictio haben, nicht als aus dem Darlehen, auch nicht als condictio sine causa, sondern als condictio causa data causa non secuta. Das Darlehen des Geisteskranken wird genau so behandelt wie das Darlehen des Pupillen. Und warum auch nicht? Denn daß seine Handlungsunfähigkeit der condictio entgegenstände, und die des Pupillen nur darum nicht, weil der Pupill condicionem suam meliorem facere kann, und daß darum die vorliegende l. 2 interpoliert sein müsse[8], kann nicht zugegeben werden. Die condictio wird ohne Wissen und Wollen erworben, des Geisteskranken wie des Pupillen, indem der Empfänger das Geld verbraucht, auch ohne Wissen und Wollen dieses. Zwar habe ich selber den Fehler begangen, von dem „Willen des Eigentümers" zu reden, der solches verursacht habe[9]. Es ist nur ein Vergreifen im Ausdruck gewesen, indem ich einen Willen Willen genannt habe, der rechtlich nicht als Wille gilt.

Zu Satz 2 und Satz 3 der l. 12, die ich weggelassen habe, sei nur bemerkt, daß ich Satz 2 für unecht halte[10], und daß auch Satz 3 mir verdächtig ist.

Keine condictio sine causa, sondern eine condictio causa data causa non secuta ist auch die gegen den widerwillig Beschenkten, der das geschenkte Geld verbraucht hat, in l. 18 D. 12. 1. Auch ihm ist ob rem gegeben, und es ist res non secuta. Der Schenker hat keinen Dank.

L. 21 § 1 D. 39. 5 Celsus lib. 28 digestorum. Sed si debitorem meum tibi donationis *immodicae* causa promittere iussi, *an summoveris donationis exceptione necne tractabitur. et* meus quidem debitor exceptione te agentem repellere non potest, quia perinde sum quasi exactam a debitore meo summam tibi donaverim et tu illam ei credideris. sed ego *si quidem pecuniae a debitore meo nondum solutae sint, habeo adversus debitorem meum rescissoriam* in id quod *supra legis modum* tibi promisit, *ita ut in reliquum tantummodu tibi maneat obligatus: sin autem pecunias a debitore meo exegisti, in hoc quod modum legis excedit* habeo contra te condictionem.

A ist Schuldner des B, der dem C schenken will, und der nun den A anweist, das, was dieser ihm schuldet, durch Stipulation dem C zu versprechen.

---

[8] Siber, Naturalis obligatio S. 47 Anm. 1. Beseler, Sav.-Z. 47 S. 364.

[9] Ciceros Rede pro Q. Roscio S. 37. [10] a. a. O. S. 76.

Die Schenkung, die Celsus meint, ist gegen die lex Cincia. Justinian hat nach iussi die Worte contra legem Cinciam gestrichen und dafür nach donationis das Wort *immodicae* eingeschoben, um eine nicht insinuierte Schenkung über 500 solidi daraus zu machen. Die Worte *an summoveris* bis *tractabitur et* sind wohl Paraphrase. In dem Stücke *si quidem* bis *exegisti,* das Lenel ganz streicht, ziehe ich vor die Worte in id quod ... tibi promisit stehen zu lassen und dafür *in hoc quod modum legis excedit* zu streichen.

Die Schenkung, die Celsus meint, ist auch nicht perfect. Wohl gilt das Versprechen des A an C dem baren Gelde gleich, als dem C von B gezahlt. Und wäre die Schenkung nicht gegen die lex Cincia, wäre sie ebenso in Ordnung wie die in l. 2 § 1, 2 D. 39. 5 und l. 33 § 3 eod. Die lex Cincia schreibt die wirkliche Übergabe vor, und wirklich übergeben hat B das Geld nicht[11]. B, solange es dabei bleibt, ist in der selben Lage, als hätte er dem C eine res mancipi geschenkt und mancipiert, aber nicht übergeben. Und so gewiß er dann die condictio causa data causa non secuta hätte, so gewiß hat er sie jetzt. Er hat ob rem gegeben, und es ist res non secuta.

L. 5 § 5 D. 44. 4, Paulus lib. 71 ad edictum. Si eum qui volebat mihi donare *supra legitimum modum,* delegavero creditori meo, non poterit adversus petentem uti exceptione, quoniam creditor suum petit. *in eadem causa est maritus: nec hic enim debet exceptione summoveri, qui suo nomine agit. numquid ergo nec de dolo mulieris excipiendum sit adversus maritum, qui dotem petit, non ducturus uxorem nisi dotem accepisset? nisi iam divertit. itaque condictione tenetur debitor qui delegavit vel mulier, ut vel liberet debitorem, vel si solvit ut pecunia reddatur.*

A will dem B schenken, der Schuldner des C ist, und der nun den A anweist, das, was dieser ihm schenken will, durch Stipulation dem C zu versprechen.

Die Schenkung, die Paulus meint, ist gegen die lex Cincia und nicht perfect. Justinian hat nach donare die Worte contra legem Cinciam gestrichen und *supra legitimum modum* dafür gesetzt, um eine nicht insinuierte Schenkung über 500 solidi daraus zu machen. Auch von *in eadem causa* an halte ich nicht mehr nur dies und das[12], sondern alles, und damit auch die dem A gegen B gegebene condictio für unecht: so gewiß der nachklassische Bearbeiter recht getan hat, sie zu geben. Als condictio causa data causa non secuta, versteht sich.

L. 34 D. 12. 6, Iulianus lib. 40 digestorum. Is cui hereditas tota per fideicommissum relicta est et praeterea fundus, si *decem de-*

---

[11] Bonner Festgabe für Paul Krüger S. 79.
[12] Bonner Festgabe für Paul Krüger S. 83.

disset heredi, et heres suspectam hereditatem dixerit et eam ex *Trebelliano* restituerit, *causam dandae pecuniae non habet et ideo* quod eo nomine quasi implendae condicionis gratia dederit condictione repetet.

Anstatt *Trebelliano* hat schon Lenel Pegasiano gesetzt. Die Worte *decem dedisset heredi et,* wegen derer man, ohne doch viel dadurch zu bessern, nach et ein si hat einfügen wollen, sind ebenso entbehrlich wie störend. Die Worte *causam dandae pecuniae non habet et ideo* hat auch schon Beseler[13] gestrichen.

Ein Universalfideicommissar, dem neben der Erbschaft im ganzen noch besonders ein Grundstück vermacht worden ist, und ein Erbe, der sich zur Antretung der Erbschaft und deren Herausgabe an den Universalfideicommissar hat zwingen lassen, und der sich dadurch um alle Vorteile gebracht hat, die ihm aus der Erbschaft noch zukamen. Wenn also dem Universalfideicommissar noch eine Bedingung auferlegt ist, etwa wegen jenes Grundstückes, dem Erben Geld zu zahlen, und er hat das Geld bezahlt, so kann er es jetzt zurückfordern. Das zur Erfüllung der Bedingung Gezahlte ist ob rem datum, und was der Gegenwert sein sollte, das Grundstück, hat er nicht als Gegenwert des Geldes empfangen, sondern als Teil der ihm jetzt ohne Abzug zukommenden Erbschaft. Also ist res non secuta, und er hat die condictio causa data causa non secuta.

Der nachklassische Bearbeiter, der die Worte *causam dandae pecuniae et ideo* eingeschoben hat, hat eine condictio sine causa daraus gemacht. Nicht zwar im Sinne der Klassiker, wohl aber in einem weiteren, die condictio causa data causa non secuta mit einbegreifenden Sinne. Wer unter causa nicht nur den vorher zu empfangen gewesenen Gegenwert, sondern auch den nachher zu empfangenden versteht, dem liegt es nahe, unter sine causa datum auch das für einen nachher zu empfangen gewesenen, nachher nicht empfangenen Gegenwert Gegebene zu verstehen. Und daß unser Byzantiner es so versteht, deutet er mit jenen Worten an. *Causam dandae pecuniae non habet,* das heißt wörtlich, daß er Geld gegeben und einen „Grund zu geben" nicht hat. Gemeint ist, daß er den Gegenwert nicht bekommen, in diesem Sinne „ohne Gegenwert" gegeben hat.

> L. 5 D. 12. 7, Papinianus lib. 11 quaestionum. Avunculo nuptura pecuniam in dotem dedit neque nupsit: an eandem repetere possit quaesitum est. dixi, *cum ob turpem causam dantis et accipientis pecunia numeretur,* cessare condictionem et in delicto pari potiorem esse possessorem. *quam rationem fortassis aliquem secutum respondere non habituram mulierem condictionem: sed*

[13] Sav.-Z. 45 S. 462.

recte defendi non turpem causam in proposito quam nullam fuisse, cum pecunia quae daretur in dotem converti nequiret. non enim stupri sed matrimonii gratia datam esse. § 1. Noverca privigno, nurus socero pecuniam dotis nomine dedit neque nupsit. cessare condictio prima facie videtur, quoniam iure gentium incestum committitur: atquin vel magis in ea specie nulla causa dotis dandae fuit, condictio igitur competit.

Eine Nichte, die ihren Oheim von der Mutter Seite hat heiraten wollen oder sollen, den zu heiraten verboten ist, ihm auch schon eine Dos bestellt und ihn dann doch nicht geheiratet hat, und die nun die Dos zurück haben möchte. Papinian ist über das Vorgefallene empört und sehr kurz angebunden: dixi cessare condictionem et in delicto pari potiorem esse possessorem. Was dazwischen steht, *cum ob turpem causam dantis et accipientis pecunia numeretur,* ist entbehrlich und fehlerhaft. Es müßte heißen ob turpem rem und numerata sit. Auch alles, was folgt, kann nicht von Papinian sein. Papinian sagt dixi und damit Punctum, dixi und nicht dicebam.

Der nachklassische Bearbeiter, der von *quam rationem* an redet, läßt sich doch erweichen eine condictio zu geben, aber nicht die condictio causa data causa non secuta oder ob causam datorum, wie sie in l. 1 C. 4. 6 im gleichen Falle Carracalla gibt, sondern die condictio sine causa in jenem unklassischen, weiteren, die condictio causa data causa non secuta mit einbegreifenden, sie zu einer Unterart der condictio sine causa machenden Sinne. Es sei doch nicht turpis causa, sondern nur *nulla causa dotis dandae,* wörtlich übersetzt, „kein Grund die Dos zu geben" gewesen. Gemeint ist, daß die Dos „ohne Gegenwert" gegeben sei. Man muß gestehen, wenn der Empfang des noch zu empfangenden Gegenwertes, in diesem Falle die Ehe, von vornherein ausgeschlossen ist, liegt so zu reden besonders nahe.

L. 10 D. 12. 4, Iavolenus lib. 1 ex Plautio. Si mulier ei cui nuptura erat, cum dotem dare vellet, pecuniam quae sibi debebatur acceptam fecit neque nuptiae insecutae sunt, recte ab eo pecunia condicetur, quia nihil interest, utrum ex numeratione pecunia ad eum *sine causa* an per numerationem pervenerit.

Javolenus will nur sagen, daß die auf die angegebene Weise bestellte Dos, wenn die Ehe nicht zustande komme, ebenso mit condictio certae pecuniae zurückgefordert werden könne, als ob rem data re non secuta versteht sich, wie die durch bare Zahlung bestellte. Es wird dann so angesehen, als hätte der Schuldner bar gezahlt und das Gezahlte als Dos sogleich bar zurückbekommen. Der nachklassische Bearbeiter schiebt zwei Worte ein und macht aus der condictio causa data causa non secuta eine unklassische condictio sine causa.

L. 4 D. 12. 7, Africanus lib. 8 quastionum. Nihil refert, utrumne ab initio *sine causa* quid datum sit, an *causa propter quam datum sit secuta non sit.*

Wie African geschrieben hat, ist schwer zu sagen. Gewiß nur, daß er nicht an *causa ... secuta non sit* geschrieben haben kann, sondern nur an res. Mag sein aber, daß auch *sine causa* unecht ist, und daß er einen Fall wie in l. 19 § 1 D. 12. 1 im Sinne gehabt und etwa so geschrieben hat: das sei einerlei, ob etwas von vornherein ein datum gewesen oder ob es nachher dazu geworden sei. So wie die Stelle lautet, scheint sie sagen zu wollen, ob so, ob so, immer sei es eine condictio sine causa, im unklassischen Sinne, versteht sich.

L. 11 § 6 D. 19. 1, Ulpianus lib. 32 ad edictum. Is qui vina emit arrae nomine certam summam dedit: postea convenerat ut emptio irrita fieret. Iulianus ex empto agi posse ait ut arra restituatur, *utilemque esse actionem ex empto etiam ad distrahendam inquit emptionem. ego illud quaero: si anulus datus sit arrae nomine et secuta emptione pretioque numerato et tradita re anulus non reddatur, qua actione agendum est, utrum condicatur quasi ob causam datus sit et causa finita sit, an vero ex empto agendum sit. et Iulianus diceret ex empto agi posse: certe etiam condici poterit, quia iam sine causa apud venditorem est anulus.*

Einer hat Wein gekauft und dem Verkäufer als arra eine Anzahlung gemacht. Nachher ist man übereingekommen, das noch von keiner Seite erfüllte Geschäft rückgängig zu machen. Gibt dann der Verkäufer die arra nicht zurück, soll der Käufer die actio empti haben. So weit Ulpian.

Der nachklassische Bearbeiter, der von *utilemque* an redet, ändert den Fall dahin ab, daß als arra ein Ring gegeben und das Geschäft von beiden Seiten erfüllt worden ist. Gibt der Verkäufer den Ring nicht zurück, soll der Käufer nicht nur die actio empti haben, sondern daneben noch eine condictio. Und so groß ist der Drang, ihn damit zu beglücken, daß gar nicht danach gefragt wird, ob denn der Verkäufer Eigentümer des Ringes geworden ist, den der Käufer ihm doch nicht für immer zum Behalten gegeben hat.

Gerechtfertigt wird die condictio damit, daß der Ring jetzt sine causa bei dem Verkäufer sei: gegeben sei er zwar ob causam, aber jetzt sei es damit vorbei, sei causa finita. Dieses sine causa mit „ohne Gegenwert" zu übersetzen, geht nicht wohl an. Den Ring hat der Käufer gegeben, damit der Verkäufer ihm Kredit gebe und ihn als Käufer annehme, und diesen Gegenwert hat er empfangen. Es ist emptio secuta. Diese condictio sine causa ist von ganz anderer Art, nicht nur als die der Klassiker gewesen wäre, sondern auch als jene unklassische der l. 34 D. 12. 6 usw., die immer noch eine Condiction „ohne Gegenwert" ist. Dieses sine causa hier kann man nur durch „ohne Grund" wiedergeben, und jenes ob causam nur durch „mit Grund", und was zur Rechtfertigung der condictio gesagt ist, nur so, daß der Ring zwar „mit Grund" gegeben worden und darum auch „mit Grund" bei dem Verkäufer gewesen sei, daß er aber jetzt „ohne Grund" dort sei.

Das ist etwas ganz Neues. Das ist eine Kunst, nach Belieben und Bedarf Condictionen aus der Luft zu greifen, ihrer byzantinischen Erfinder würdig. Was „ohne Grund" bei einem ist, das darf er mit andern Worten nicht behalten, das muß er mit andern Worten wieder hergeben, das kann mit andern Worten ein anderer ihm wieder abfordern. Und umgekehrt. Es ist immer dasselbe. Und wer findet, daß einer dem andern etwas müsse abfordern können, und ihm zu einer Klage verhelfen will, der muß es nur mit den rechten Worten zu sagen wissen, und die condictio sine causa ist da[14].

Der wahre Grund der condictio des Ringes ist, daß der Ring dem Verkäufer als arra und nicht für immer zum Behalten gegeben worden ist. Sie gehört in die Lehre von der arra, ist aber neben der actio empti überflüssig.

> L. 2 D. 12. 7, Ulpianus lib. 32 ad edictum. Si fullo vestimenta lavanda conduxerit, deinde amissis eis domino pretium ex locato conventus praestiterit, posteaque dominus invenerit vestimenta, qua actione debeat consequi pretium quod dedit? et ait Cassius eum non solum ex conducto agere, verum condicere domino posse. ego puto ex conducto omnimodo eum habere actionem: an autem et condicere possit quaesitum est, quia non indebitum dedit. *nisi forte quasi sine causa datum sic putamus condici posse: etenim vestimentis inventis quasi sine causa datum videtur.*

In einer Wäscherei sind Kleider abhanden gekommen, und der Wäscher hat den Eigentümer entschädigt. Der Eigentümer hat die Kleider wieder gefunden, und der Wäscher verlangt sein Geld zurück. Cassius hatte ihm nicht nur die actio conducti gegeben, sondern auch die condictio indebiti. Ulpian hält nur die actio conducti für zulässig, die condictio lehnt er ab. Und Ulpian hat recht. Die Entschädigung ist der Wäscher schuldig geworden, um diese Schuld zu erfüllen, hat er das Geld gezahlt, und diesen Gegenwert hat er empfangen. Von Zahlung einer Nichtschuld kann nicht die Rede sein.

Der nachklassische Bearbeiter, der von *si forte* an redet[15], möchte doch eine condictio geben. Er weiß auch, wie man das macht. Nachdem die Kleider sich wieder gefunden haben, muß der Wäscher die

---

[14] Und BGB 812?

[15] Albertario, La costruzione nisi ... tunc enim, S. 24ff., aus Filangieri 1911.

Entschädigung zurückfordern können, wird mit anderen Worten der Eigentümer sie wieder hergeben müssen, darf mit anderen Worten der Eigentümer sie nicht mehr behalten, hat er sie mit anderen Worten „ohne Grund".

Diese condictio gehört in die Lehre vom Schadenersatz. Sie ist nur überflüssig.

L. 50 pr. D. 23. 3, Africanus lib. 8 quaestionum. Quae fundum in dote habebat, divortio facto cum in matrimonium rediret, pacta est cum viro uti decem in dotem acciperet et fundum restitueret. ac datis decem priusquam fundus ei restitueretur in matrimonio decessit. *illud ex bona fide est et negotio contracto convenit, ut fundus quasi sine causa penes maritum esse coeperit condicatur.*

Eine Ehefrau, die sich von ihrem Manne geschieden hat, aber wieder zu ihm zurückgekehrt ist, hat als Dos der neuen Ehe Geld eingebracht gegen das formlose Versprechen des Mannes, das als Dos der früheren Ehe bei ihm noch befindliche Grundstück zurückzugeben. Sie ist, noch ehe sie es zurückbekommen hat, in der Ehe gestorben. Der Mann weigert den Erben die Rückgabe.

Die Entscheidung Africans ist von Justinian gestrichen worden. Er kann nur die actio rei uxoriae gegeben haben[16], und auch die nur, wenn der Mann schon bei Lebzeiten der Frau mit der Rückgabe der Dos im Verzuge gewesen war[17]. Das Rückgabeversprechen war unklagbar.

Der nachklassische Bearbeiter, der von *illud* an redet, weiß es besser. Das Rückgabeversprechen, weil nicht bei Hingabe des Grundstückes abgegeben, ist auch für ihn unklagbar. Aber hat der Mann es nicht jetzt „ohne Grund"?

Der wahre Grund der condictio ist doch das Rückgabeversprechen.

L. 3 § 5 D. 37. 6, Iulianus lib. 23 digestorum. Emancipatus praeteritus, si dum deliberat caverit de bonorum collatione nec bonorum possessionem petierit, agente fratre ex stipulatu ipso iure tutus est. *sed et si pecuniam contulerit, condictione eam repetet: omissa enim bonorum possessione incipit pecunia sine causa esse apud heredem.*

Ein im väterlichen Testamente übergangener emancipierter Sohn hat, um zur bonorum possessio contra tabulas zugelassen zu werden, sich dem im Testamente zum Erben eingesetzten Bruder zur Collation verpflichtet, die Anmeldung zur bonorum possessio dann doch unterlassen. Eine condictio kommt nicht in Frage. So weit Julian.

Der nachklassische Bearbeiter, der von *sed et si* an redet, und sich durch das nach *contulerit* fehlerhafte *repetit* und *incipit* verrät, ändert

---

16 Ciceros Rede pro Q. Roscio S. 93.

17 Ulp. epit. 6. 7.

den Fall dahin ab, daß der Bruder dem Bruder den zu conferierenden Betrag sogleich bar ausgezahlt hat, und diesen nun zurückhaben will. Es ist ob rem datum und res non secuta, und Marcian und Marcellus in l. 13 D. 12. 4 geben im gleichen Falle die condictio causa data causa non secuta. Der nachklassische Bearbeiter gibt die condictio sine causa, aber auch nicht wie in l. 34 D. 12. 6, weil der Emancipierte causam dandae pecuniae non habet, den von den Byzantinern causa genannten Gegenwert nicht hat, sondern weil das Geld jetzt anfange, „ohne Grund" bei dem Testamentserben zu sein. Was für den Klassiker causa non secuta, ist für den Byzantiner causa finita.

Der Byzantiner denkt so. Solange es in der Schwebe blieb, ob der Emancipierte die bonorum possessio erwerben würde, dürfte dieser das Geld nicht zurückfordern[18], durfte mit andern Worten der Erbe es behalten, hatte mit andern Worten der Erbe es „mit Grund". Damit seit es jetzt vorbei.

Gäbe es keine condictio causa data causa non secuta, könnte man es sich gefallen lassen. So gibt es keine überflüssigere condictio sine causa als diese.

> L. 9 § 3 D. 23. 3, Ulpianus lib. 31 ad Sabinum. Ceterum si res dentur in ea quae *Graeci* παράφερνα *dicunt, quaeque* Galli peculium appellant, *videamus an* statim efficiuntur mariti. *et putem si sic dentur ut fiant effici mariti, et cum distractum fuerit matrimonium, non vindicari oportet sed condici, nec dotis actione peti,* ut divus Marcus et imperator noster cum patre rescripserunt. *plane* ...

Die Stelle ist nur zum kleinsten Teile echt. Was gingen die gallischen Ehefrauen, wenn die Rescripte an solche gerichtet waren, die Paraphernen der griechischen an? Hinaus darum mit den Worten *Graeci* παράφερνα *dicunt quaeque.* Hinaus auch mit *videamus an,* das sich mit efficiuntur nicht verträgt. Und fällt die Frage, muß die Antwort *et putem* bis *actione peti* nach. Auch von *plane* an ist alles unecht, schon wegen des plane und wegen der langen, einen Griechen als Verfasser verratenden Parenthese.

Was übrig bleibt, deckt sich mit dem, was wir von der rechtlichen Stellung der gallischen Ehefrauen wissen: daß auch sie in der manus des Mannes standen und nichts Eigenes haben konnten[19]. Auch der Teil ihres Vermögens, den sie nicht als Dos einbrachten, sondern in eigener Verwaltung behalten wollten, mußte darum dem Manne zu Eigentum übertragen werden, so daß er mit den Peculien der römi-

---

[18] l. 19 pr. D. 12. 1.

[19] Caesar bell. gall. 4. 19. Gaius 1. 55. Bremer, Sav.-Z. 2 S. 137. Mitteis, Reichsrecht und Volksrecht S. 106.

schen Hauskinder verglichen werden konnte. Was nach Auflösung der Ehe zu Ulpians Zeit daraus wurde, wissen wir nicht. Der nachklassische Bearbeiter gibt der Frau oder ihren Erben eine condictio, die er, wenn kein Rückgabeversprechen vorlag, nicht anders als damit gerechtfertigt haben kann, daß das peculium jetzt „ohne Grund“ bei dem Manne oder dessen Erben sei. Sie gehört in die Lehre von diesen Peculien, die uns nichts angehen.

> L. 30 pr. D. 19. 1, Africanus lib. 8 quaestionum. Servus, quem de me cum peculio emisti, priusquam tibi traderetur furtum mihi fecit. quamvis ea res quam subripuit interierit, nihilo minus retentionem eo nomine ex peculio me habiturum ait, *id est ipso iure ob id factum minutum esse peculium, eo scilicet quod debitor meus ex causa condictionis sit factus: nam licet, si iam traditus furtum mihi fecisset, aut omnino condictionem eo nomine de peculio non haberem, aut eatenus haberem quatenus ex re furtiva auctum peculium fuisset, tamen in proposito et retentionem me habiturum* et si omne peculium penes te sit vel quasi plus debito solverim posse me condicere. *secundum quae dicendum: si nummos, quos servus iste mihi subripuerat, tu ignorans furtivos esse quasi peculiares ademeris et consumpseris, condictio eo nomine mihi adversus te competet, quasi res mea ad te sine causa pervenerit.*

Ein mit seinem Peculium verkaufter Sklave hat noch, ehe er dem Käufer übergeben worden ist, seinen bisherigen Herrn bestohlen. Die gestohlene Sache ist nicht mehr. Der Verkäufer soll sich aus dem Peculium entschädigen oder, wenn er es bereits übergeben hat, als hätte er damit mehr getan als er schuldig gewesen, es mit der condictio indebiti zurückfordern, um sich daraus zu entschädigen.

Soweit Africanus. Was sich störend dazwischenschiebt, die lange Parenthese nach griechischem Geschmack von *id est ipso iure* bis *et retentionem me habiturum*, und alles, was darauf folgt von *secundum quae dicendum* bis zu Ende, ist nicht von ihm.

Der nachklassische Bearbeiter, der von *secundum quae dicendum* an redet[20], ändert den Fall dahin ab, daß der Sklave bares Geld gestohlen, und in Unkenntnis dessen der Käufer dieses Geld als zum Peculium gehörend an sich genommen und für sich verbraucht hat. Er greift dem Verkäufer eine condictio aus der Luft, nicht des Peculiums, sondern des Geldes, das „ohne Grund“ an den Käufer gelangt sei, und scheint auch die in dem echten Fall von Africanus gegebene condictio, in dem er die eigene als ihr gemäß hinstellt, als von gleichem Schlage

[20] Beseler, Sav.-Z. 47 S. 364.

anzusehen. Sie gehört in die Nähe der rei vindicatio, als die Haftung eines gewesenen Besitzers betreffend.

Den Versuch, den ich vor Jahren gemacht habe[21], in der Annahme von Interpolationen immer noch zu zaghaft, die mit dem klassischen Rechte in Widerspruch stehende condictio mit dem klassischen Recht in Einklang zu bringen, erkenne ich als verfehlt an.

> L. 23 D. 12. 1, Africanus lib. 2 quaestionum. Si eum servum, qui tibi legatus sit, quasi mihi legatum possederim et vendiderim mortuo eo *posse te mihi pretium condicere* Iulianus ait, *quasi ex re tua locupletior factus sim.*

Daß die Worte *posse te mihi pretium condicere* nicht von Julian sind[22], darüber verliere ich kein Wort mehr.

Pecunia petita est certa ... haec pecunia necesse est ut aut data aut expensa lata aut stipulata sit. Und praeterea enim quem ad modum certam pecuniam petere possit non reperio. Das sind goldene Worte, mit denen Cicero[23] uns den Schlüssel des klassischen Condictionenrechts in die Hand gibt. Die pecunia des vorliegenden Falles ist weder data, noch expensa lata, noch stipulata. Also muß die condictio der l. 23 unecht sein. Wer das nicht sehen will, auf seine Blindheit wohl gar noch sich etwas zugute tut, dem ist nicht zu helfen.

Dermaßen unmöglich nach klassischem Recht ist diese condictio, daß auch Julian und African kein Wort darüber verloren haben und die Worte *posse te mihi pretium condicere* durch kein vorgesetztes nec oder non[24] gehalten werden können. Julian wird eine actio in factum empfohlen haben[25]. Die utilis negotiorum gestorum actio in l. 48 D. 3. 5, die ich herangezogen habe, um eine solche an Stelle der condictio zu setzen[26], ist so unecht wie die condictio. Mit der condictio fallen auch die Worte *quasi ex re tua locupletior factus sim*[27].

Die nicht als condictio „ohne Grund" gerechtfertigte läuft aus alter Gewohnheit hier nur so mit. Gehört auch in die Nähe der rei vindicatio.

> L. 5 § 18 D. 24. 1, Ulpianus lib. 32 ad Sabinum. *In donationibus autem iure civili impeditis hactenus revocatur donum ab eo ab eave cui donatum est, ut si quidem exstet res vindicetur, si con-*

---

[21] Bonner Festgabe für Paul Krüger S. 16ff.

[22] Ciceros Rede pro Q. Roscio S. 32f., S. 50f.., S. 87ff.

[23] pro Q. Roscio comoedo 5. 14, 4. 13.

[24] Siber, Studi Riccobono 3 S. 252. Beseler, Sav.-Z. 47 S. 364, Juristische Miniaturen S. 115.

[25] Betti, Atti della R. Accademia delle scienze di Torino 51 S. 1042f. Siber a. a. O. S. 253.

[26] Ciceros Rede pro Q. Roscio S. 50ff.

[27] Beseler a. a. O.

sumpta sit condicatur hactenus quatenus locupletior quis eorem factus est.

An der Sprache ist so viel auszusetzen, daß die Stelle schon darum unecht sein muß[28]. Sie ist es um so sicherer, als eine condictio wegen ungültiger Schenkung nach klassischem Recht nur gegeben ist, wenn Geld geschenkt worden und das Geld von dem Beschenkten verbraucht worden ist[29]. Als condictio „ohne Grund" gerechtfertigt wird sie nicht: wohl weil nicht schon ein nachklassischer Bearbeiter, sondern erst Justinian sie geschaffen hat, der Condictionen in die Welt setzen konnte so viele er wollte, ohne sie rechtfertigen zu müssen. Nach l. 6 eod. scheint es jedoch, als wolle er sie so rechtfertigen. Auch sie gehört in die Nähe der rei vindicatio.

L. 3 D. 12. 7, Iulianus lib. 8 digestorum. *Qui sine causa obligantur, incerti condictione consequi possunt ut liberentur, nec refert omnem quis obligationem sine causa suscipiat, an maiorem quam suscipere eum oportuerit, nisi quod alias condictione id agitur ut omni obligatione liberetur, alias ut exoneretur. veluti qui decem promisit: nam si quidem nullam causam promittendi habuit, incerti condictione consequitur ut tota stipulatio accepto fiat, at si cum quinque promittere deberet decem promisit, incerti consequetur ut quinque liberetur.*

Von *veluti* an alles hat schon Eisele[30], von *nisi quod* an alles schon Naber[31], das Stück *nec refert* bis *oportuerit* schon Rechnitz[32] als unecht erkannt. Auch den Anfang, qui sine causa usw., den selben Weg gehen zu lassen, habe ich mich lange Zeit besonnen. Es geht um den einzigen Fall einer condictio sine causa im Sinne der Klassiker, der zu finden ist: wenn einer durch Stipulation die Rückzahlung eines Darlehens versprochen hat, das ihm vorher ausgezahlt werden sollte, aber nicht ausgezahlt worden ist. Ein sine causa promissum, das aber als sine causa datum behandelt worden wäre.

Daß ein indebitum promissum als indebitum datum behandelt und so condicierbar gemacht wurde, steht fest.

L. 31 D. 12. 6, Ulpianus lib. 1 opinionum. Is, qui plus quam hereditaria portio efficit per errorem creditori caverit, indebiti promissi habet condictionem.

L. 15 C. 8. 40, Gordianus. Si indebitam pecuniam quasi ex causa fideiussionis obstrictus in cautionem per errorem deduxisti, tam

---

[28] Ciceros Rede pro Q. Roscio S. 30f. Bonner Festgabe für Paul Krüger S. 37. Beseler, Beitr. 3 S. 92.

[29] Siber, Studi Riccobono 3 S.296.

[30] Sav.-Z. 11 S. 17.

[31] Mnemosyne 20 S. 102f.

[32] Studien zu Salvius Julianus S. 21.

doli exceptione uti quam condicere ut obligatio tibi accepto feratur potes.

Wer im Irrtum eine Nichtschuld zu zahlen versprochen hatte, konnte den so zum Gläubiger Gewordenen auf Zahlung eben der Geldsumme verklagen, die er selber ihm zu zahlen versprochen hatte: nicht damit er sie wirklich bezahlt bekomme, sondern damit ihm die Schuld erlassen werde und der Gläubiger dann frei ausgehe.

Ebenso im Falle eines ob rem promissum re non secuta.

L. 7 C. 4. 30, Alexander. Si quasi accepturi mutuam pecuniam adversario cavistis, quae numerata non est, per condictionem obligationem repetere etsi actor non petet, vel exceptione non numeratae pecuniae adversus agentem uti potestis.

L. 4 C. 4. 6, Valerianus et Gallienus. Si cum exiguam pecuniam re vera susciperes longe maiorem te accepisse cavisti, eo quod tibi patrocinium adversarius repromitteret, cum dicas fidem promissi non secutam, ut libereris obligatione eius, quod non acceptum propter speratum patrocinium spopondisti, per condictionem consequeris.

Auch das ist so zu verstehen, daß in solchem Falle der Schuldner seinen Gläubiger auf Zahlung eben der Geldsumme verklagen darf, die er selber ihm schuldet: nicht damit der Gläubiger ihm zahle, sondern damit ihm seine Schuld erlassen werde. L. 7, die sich so ausdrückt, als würde unmittelbar auf Befreiung von der Schuld geklagt, darf man nicht wörtlich nehmen. Sie sieht nur auf den Erfolg. Ebenso drücken auch l. 1. C. 2.5 und l. 6 C. 1. 18 sich aus, trotz l. 31 D. 12. 6 und l. 15 C. 4. 6.

Der Fall des sine causa promissum und der Fall des indebitum promissum sind zu verschieden, als daß von einem auf den andern geschlossen werden dürfte. Wer eine Nichtschuld zu zahlen versprochen hat, konnte ohne Zwang so angesehen werden, als hätte er die Nichtschuld bar bezahlt und das Gezahlte als Darlehen bar zurückbekommen, dessen Rückzahlung er dann durch die Stipulation versprochen hätte. So konnte man ihn auf Rückzahlung von Geld klagen lassen. Aber einen, der Geld hätte bekommen sollen, so ansehen, als hätte er Geld gezahlt, wie finge man das an? In dem Falle des ob rem promissum geschieht es zwar, läßt sich aber auch nur so erklären, daß l. 7 C. 4. 30 l. 4 C. 4. 6 kaiserliche Rescripte sind. Ein Kaiser konnte es vorschreiben.

So ist es mir auch recht zweifelhaft, ob auch nur der erste Satz der l. 3 D. 12. 7 von Julian ist.

Und der Fall, der so recht der Musterfall einer condictio sine causa im Sinne der Klassiker sein könnte, wenn Geld als Darlehen gegeben worden ist, das gegeben werden sollte, erst nachdem der Empfänger durch Stipulation die Rückzahlung versprochen hätte, und das doch ohne die Stipulation ausgezahlt worden ist? Wir finden ihn wohl nur deshalb nicht, weil man den Geber unmittelbar aus dem bar gezahlten Darlehen klagen lassen konnte.

L. 1 D. 12. 7, Ulpianus lib. 43 ad Sabinum. *Est et haec species condictionis, si quis sine causa promiserit, vel si solverit quis indebitum. qui autem promisit sine causa, condicere quantitatem non potest quam non dedit, sed ipsam obligationem, § 1. Sed et si ob causam promisit, causa tamen secuta non est, dicendum est condictionem locum habere. § 2. Sive ab initio sine causa promissum est, sive fuit causa promittendi quae finita est vel secuta non est, dicendum est condictioni locum fore. § 3. Constat id demum posse condici alicui, quod vel non ex iusta causa ad eum pervenit vel redit ad non iustam causam.*

Die Stelle ist gänzlich unecht. Alle nachklassischen Neuerungen sind darin beisammen.

Im Principium die condictio sine causa promissi, und daß jetzt unmittelbar auf Befreiung von der übernommenen Verpflichtung geklagt werden kann, nicht mehr auf dem Umwege über die condictio certae pecuniae. Was in diesem Zusammenhange die Worte sollen vel si solverit quis indebitum, bleibt ein Rätsel.

In § 1 die ebenso unmittelbar auf Befreiung von der Verpflichtung gerichtete condictio des ob rem promissum.

In § 2 die ebenso unmittelbar auf Befreiung von einer Schuld gerichtete condictio wegen causa finita, und daß causa finita gleich causa non secuta ist.

In § 3, daß condiciert werden kann überhaupt alles, was entweder von vornherein „ohne Grund" an einen gelangt ist, oder hinterher so, daß es „ohne Grund" bei ihm ist, geworden ist.

Das Beiwort iusta, das der causa im Sinne der Condictionenlehre beigelegt ist, macht sie nicht zur iusta causa im Sinne der Eigentumserwerbslehre, sondern kommt ihr als in dem Sinne von „Grund" zu. *Demum* in dem Sinne von denique findet sich nur noch in unechten Stellen[33].

Auch so etwas wie eine exceptio sine causa in dem Sinne von „ohne Grund" haben die Byzantiner der Welt geschenkt.

L. 2 § 3 D. 44. 4, Ulpianus lib. 76 ad edictum. *Circa primam speciem, quibus ex causis exceptio haec locum habeat, haec sunt quae tractari possunt.* si quis sine causa ab aliquo fuerit stipula-

[33] l. 1 § 4 D. 9. 1 offenbar gänzlich unecht, *animal* statt quadrupes. — l. 21 pr. D. 36. 2, *cum aliquid demum quod scribenti comprehendisse sit commodum*, aus der Feder eines Classikers unmöglich.

tus, deinde ex ea stipulatione experiatur, exceptio utique doli mali ei nocebit. licet enim eo tempore quo stipulabatur nihil dolo admiserit, tamen dicendum est eum cum litem contestatur dolo facere, qui perseveret ex ea stipulatione petere. *et si cum interponeretur iustam causam habuit, tamen nunc nullam idoneam causam habere videtur.* proinde et si crediturus pecuniam stipulatus est nec credidit, *et si certa fuit causa stipulationis, quae tamen aut non est secuta aut finita est,* dicendum erit nocere exceptionem.

Der Anfang bis *possunt* ist als unecht bekannt[34].

Ulpian unterscheidet zwei Fälle. Der erste ist der der l. 3 D. 12. 7, wenn einer durch Stipulation die Rückzahlung eines Darlehens versprochen hat, das ihm vorher ausgezahlt werden sollte, aber nicht ausgezahlt worden ist. Nur daß nicht der Schuldner, um befreit zu werden, klagt, sondern der Gläubiger auf Zahlung. Ulpian rät zur exceptio doli, si in ea re nihil dolo malo factum est neque fit. Denn möge der Kläger auch damals keinen dolus begangen haben, indem er sich die Rückzahlung des nicht ausgezahlten Darlehens versprechen ließ, so tue er es doch jetzt, da er auf Erfüllung der unter solchen Umständen erworbenen Forderung bestehe.

Der zweite Fall ist der der l. 1 § 1 D. 12. 7, wenn einer die Rückzahlung eines Darlehens durch Stipulation versprochen hat, das ihm nachher ausgezahlt werden sollte, aber nicht ausgezahlt worden ist. Wieder ist es nicht der Schuldner, der, um befreit zu werden, klagt, sondern der Gläubiger auf Zahlung. Und wieder rät Ulpian zur exceptio doli.

Der nachklassische Bearbeiter redet so, von *et si cum* bis *videtur*[35], und von *et si certa* bis *finita est,* als lautete die exceptio: si in ea re nihil sine causa factum est neque fit.

Fehlerhaft, an der Sprache der Klassiker gemessen, ist auch der Name der condictio ob turpem causam. Sie müßte heißen condictio turpem rem.

L. 1 pr. D. 12. 5, Paulus lib. 10 ad Sabinum. Omne quod datur aut ob rem datur aut ob causam: et ob rem aut turpem aut honestam ...

Noch besser wäre condictio ex turpi causa, als „des durch ein schimpfliches Geschäft Gegebenen", trotz den Klassikern.

Einer hat dem andern Geld gegeben gegen das Versprechen, etwas nicht zu tun, was er ohnehin nicht tun darf, oder was er ohnehin tun

---

[34] Beseler, Beitr. 3 S. 58.

[35] Beseler a. a. O.

muß zu tun: keine Gotteslästerung, keinen Mord, keinen Diebstahl zu begehen, eine Sache, die er dem Geber vorenthält, herauszugeben und dergleichen[36]. Schimpflich ist ein solches Versprechen doch nicht an sich, sondern wird es erst dadurch, daß es gegen Geld gegeben, zum Gegenstande eines Geschäfts gemacht wird.

Nicht, daß die Römer das nicht wüßten.

L. 1 § 1 D. 12. 5, Paulus lib. 10 ad Sabinum. Quod si turpis causa accipientis fuerit, etiamsi res secuta sit repeti potest.

Wir übersetzen: „Wenn das Geschäft auf seiten des Empfängers schimpflich ist, kann das Gegebene, auch wenn der Gegenwert eingetroffen ist, zurückgefordert werden."

L. 8 D. 12. 5, Paulus lib. 3 quaestionum. Si *ob turpem causam* promiseris Titio, quamvis si petat exceptione doli mali vel in factum summovere eum possis, tamen si solveris non posse te repetere, quoniam *sublata proxima causa stipulationis, quae propter exceptionem inanis esset, pristina causa, id est turpitudo, superesset: porro autem si* et dantis et accipientis turpis causa sit, *possessorem potiorem esse et ideo repetitionem cessare, tametsi ex stipulatione solutum est.*

Das gegen l. 1 pr. eod. verstoßende *ob turpem causam* hat mit Recht schon Beseler[37] gestrichen: im Urtexte werde ein Beispiel einer doppelseitig schimpflichen causa gestanden haben. Beseler räumt auch unter dem Paraphrastengeschwätz auf, an dem der Philologe seine Freude haben mag[38], das aber dem Juristen ein Greuel ist. Er streicht quoniam *sublata* bis *porro autem* und setzt dafür ein nam, streicht von *tametsi* an alles. Wir ziehen vor, erst von *sublata* an und bis *autem si* zu streichen, und von *possessorem* an alles. Quoniam et dantis et accipientis turpis causa sit, das genügt, um den Nagel auf den Kopf zu treffen. Wir übersetzen: „weil das Geschäft für beide Teile schimpflich sei".

Auch ob turpem causam in l. 1 C. 4. 7 und propter turpem causam in l. 2 eod. werden wir nicht mit „um einen schimpflichen Gegenwert" übersetzen, sondern mit „wegen eines schimpflichen Geschäfts". Beide Rescripte sind aus klassischer Zeit.

Eine condictio gibt es, die sogenannte condictio furtiva, die ist eine condictio der ohne iusta causa im Sinne der Eigentumserwerbslehre

---

[36] l. 2 pr. § 1 D. 12. 5.

[37] Beitr. 4 S. 203.

[38] Kulinka, Sav.-Z. 47 S. 336.

von dem Kläger an den Beklagten gelangten Sache, und ist als solche ohne alle Frage im klassischen Recht eine Anomalie.

Anders nach Justinianischem Recht. Auch was auf andere Weise als durch Diebstahl, so daß der Kläger nicht aufgehört hat Eigentümer zu sein, vom Kläger an den Beklagten gelangt ist, erlaubt Justinian mit einer condictio zurückzufordern[39].

L. 4 § 1, 2 D. 12. 1, Ulpianus lib. 34 ad Sabinum. Res pignori data pecunia soluta condici potest. et fructus *ex iniusta causa* percepti condicendi sunt. nam et si colonus post lustrum completum fructus perceperit, condici eos constat ita demum, si non ex voluntate domini percepti sunt: nam si ex voluntate, procul dubio cessat condictio. § 2 Ea quae vi fluminum importata sunt condici possunt.

Auch die Pfandsache, die der Gläubiger nach Zahlung der Schuld nicht zurückgibt, auch die Früchte, die der Pächter nach Ablauf der Pachtzeit noch zieht, auch bei einer Überschwemmung abhanden gekommene Sachen, die der Strom auf ein fremdes Grundstück getragen hat, alles das, obwohl es nicht aufgehört hat Eigentum des Klägers zu sein, und obwohl von furtum keine Rede ist oder zu sein braucht, soll mit einer condictio zurückgefordert werden können: einer offenbar ganz neuen, von der condictio furtiva zu unterscheidenden condictio der eigenen Sache des Klägers.

Ganz so wird sie auch von den Basilikenscholiasten beschrieben[40]

φύσις γὰρ τῷ ἐξ ἰνιούστα καύσα κονδικτικίῳ τὰ ὅπως δήποτε ἀδίκως κατεχόμενα ἀνακαλεῖσθαι, κἂν δεσπότης ᾖ ὁ κινῶν.

Damit haben wir auch ihren Namen, abgeleitet von den gewiß nicht ohne Absicht von den Compilatoren in den Text eingesetzten Worten *ex iniusta causa*. Aber so weit ist das Gebiet der neuen Klage, daß dieser Name nicht ausreicht. Der Scholiast gibt ihr daneben den umfassenderen Namen condictio ex iniusta causa sive sine causa, dieses letzte in dem Sinne von sine iusta causa verstanden:

ἰνούσταν γὰρ λέγω καύσαν οὐ τὴν ἄδικον μόνην, ἀλλὰ καὶ τὴν [μὴ] δικαίαν. κανονικῶς γὰρ ἐπὶ πάσης μὴ δικαίας κατοχῆς [ὁ] ἐξ ἰνιούστα ἤτοι ὁ σίνε καύσα δίδοται κονδικτίκιος.

Ulpian, wenn das, was da steht, wirklich von ihm ist, was man bezweifeln darf, wird so geredet haben, daß nur wenn ein furtum vorlag eine condictio gegeben war.

L. 6 D. 24. 1, Gaius lib. 11 ad edictum provinciale. *quia quod ex non concessa donatione retinetur, id aut sine causa aut ex in-*

39 Sav.-Z. 32 S. 168ff.

40 Schol. 4 Στεφάνου zu Bas. 23. 1. 4 (= l. 4 D. 12. 1). Heimbach 2 S. 591.

iusta causa retineri intellegitur: ex quibus causis condictio nasci solet.

Gleich der vorhergehenden l. 5 § 18 gänzlich oder so gut wie gänzlich unecht, so daß an eine Wiederherstellung des ursprünglichen Wortlautes nicht zu denken ist. Trotz l. 5 § 18 dürfen wir sie so verstehen, daß die ungültig geschenkte, also ohne iusta causa im Sinne der Eigentumserwerbslehre an den Beklagten gelangte Sache, auch wenn sie noch bei ihm vorhanden ist, condiciert werden kann.

L. 25 D. 25. 2, Marcianus lib. 3 regularum. Rerum quidem amotarum iudicium sic habet locum, si divortii consilio res amotae fuerint et secutum divortium fuerit. sed si in matrimonio uxor marito res subtraxerit, *licet* cessat rerum amotarum actio, *tamen ipsas res maritus condicere potest: nam iure gentium condici puto posse res ab his, qui non ex iusta causa possident.*

Marcian hatte nur geschrieben cessat rerum amotarum actio. Das *licet* davor, als vor einem Indikativ, und von *tamen* an alles ist nicht von ihm[41]. Aber auch nicht erst von Justinian. Die Art der Begründung spricht dafür, daß schon ein nachklassischer Bearbeiter die condictio gegeben hat.

L. 6 § 4, 5 D. 25. 2, Paulus lib. 7 ad Sabinum. Sed si morte mariti solutum sit matrimonium, heres mariti hereditatis petitione vel ad exhibendum actione eas consequi potest. § 5 Aristo et *condici ei posse recte* putat, *quia ex iniusta causa apud eam essent.*

Statt *condici ei posse recte* putat usw., wird Paulus retentionem eo nomine ex dote eum habiturum putat und nichts weiter geschrieben haben. Der nachklassische Bearbeiter hat die condictio ex iniusta causa hinzugetan, und Justinian nur diese stehen gelassen.

Ich kehre damit zu meiner ursprünglichen Meinung zurück, daß nach klassischem Recht unter Ehegatten die condictio furtiva ebenso ausgeschlossen war wie die actio furti[42]. Ich glaube aber auch an die Ausnahme nicht mehr, die ich für Aristo noch gemacht habe, als habe er die condictio gegeben. Eben weil die condictio furtiva unter Ehegatten ausgeschlossen war, hat man als Ersatz die condictio ex iniusta causa geschaffen.

Auch in l. 24 D. 25. 2 wird Ulpian nicht tam vindicatio quam *condictio* geschrieben haben, sondern tam vindicatio quam retentio[43]. Auch in l. 17 § 2 D. 25. 2 die Worte simili modo etiam certi condici eas posse ait sind vielleicht nicht so gänzlich unecht, wie ich früher angenommen habe. Ulpian kann von der retentio geredet haben.

---

[41] Ciceros Rede pro Q. Roscio S. 67, Sav.-Z. 32 S. 176.

[42] Ciceros Rede pro Q. Roscio S. 68f. Unrichtig Sav.-Z. 32 S. 176ff.

[43] Ciceros Rede S. 69.

Riccobono[44], der in l. 25 D. 25. 2 und in l. 6. 2 eod. die condictio eine rei vindicatio ersetzen läßt, und das die condictio an Stelle eines prätorischen Rechtsmittels verwenden nennt, beliebt zu scherzen.

L. 6 D. 12. 5, Ulpianus lib. 18 ad Sabinum. Perpetuo Sabinus probavit veterum opinionem existimantium id quod *ex iniusta* causa apud aliquem sit posse condici: in qua opinione etiam Celsus est.

Die nächstliegende, wohl nur weil sie so nahe liegt, bisher nicht gefundene Erklärung ist, daß Ulpian geschrieben hat ex furtiva causa.

L. 66 D. 12. 6, Papinianus lib. 8 quaestionum. Haec condictio, *ex bono et aequo* introducta, quod alterius apud alterum *sine causa* deprehenditur revocare consuevit.

Papinian wird die nicht *ex bono et aequo*, sondern durch die lex Calpurnia eingeführte condictio certae rei gemeint, auch nicht *sine causa*, sondern etwa so geschrieben haben:

Haec condictio, AD PETENDUM ID QUOD ALTERUM ALTERI DARE OPORTET LEGE CALPURNIA PRIMUM introducta, quod alterius apud alterum EX FURTIVA CAUSA deprehenditur revocare consuevit.

So wie die l. 66 vorliegt, scheint sie sagen zu wollen, daß die in der Überschrift des Titels genannte condictio indebiti auch zur Rückforderung einer nicht ex iusta causa im Sinne der Eigentumserwerbslehre an den Beklagten gelangten Sache des Klägers brauchbar geworden sei. Schon die Basiliken 24. 6. 66 scheinen sie so zu verstehen.

Ἀπὸ δικαιοσύνης εἰςαχθεῖσα ἡ ἀπαιτητικὴ ἀγωγὴ ἀνακαλεῖται καὶ τὸ χωρὶς αἰτίας ὂν παρά τινι ἀλλότριον.

Wenn sie nicht nur ganz allgemein sagen wollen, daß auch eigene Sachen condiciert werden können.

Nachtrag zu Seite 113

Die Worte ex iusta causa petet der dort besprochenen l. 3 § 1 D. 6. 2 sind als von einem zweiten Edict zu denken, darin auch dem, der nicht gekauft, sondern sonst ex iusta causa übergeben erhalten und noch nicht ersessen hatte, ein iudicium versprochen war. Savigny-Zeitschrift 42 S. 469.

[44] Annali Palermo 3/4 S. 632 ff.

FSC
www.fsc.org
MIX
Papier | Fördert
gute Waldnutzung
FSC® C083411

Kolibri 360 GmbH
Ferdinand-Jühlke-Straße 7
99095 Erfurt, Deutschland
produktsicherheit@kolibri360.de

Druck:
CPI Druckdienstleistungen GmbH
im Auftrag der
Kolibri 360 GmbH
Ferdinand-Jühlke-Str. 7
99095 Erfurt